U0153415

新媒體與民意
理論與實證

New Media and Public Opinion:
Theories and Empirical Studies

林維國 著

五南圖書出版公司 印行

自序

　　十年前開始了網路與民意和民主相關的教學與研究，憶及當時，相關的課程和研究為數不多，學生總是向我抱怨有種披荊斬棘的感覺，我只好安慰他們說：「學海無涯，志趣為舵」；其實那時，我也在相互取暖而已。數年已降，隨著網路持續令人震撼的成長與深化，世界諸多重大事件與網路亦有令人震撼的互動發展，如今國內外相關研究與文獻倍數成長，早已不可同日而語，這也證明了網路與民意和民主之間，只會愈來愈複雜糾葛的趨勢。

　　這本書算是我這些年來，在這個主題上的一點心得報告。自從我1994年在美國俄亥俄大學就讀碩士時，就已接觸了當時身為網路母國的美國，最早期的網路視訊，和千里之外國家研究生的溝通互動，到1996年在威斯康辛大學麥迪遜校區就讀博士時，美國政府推行國家資訊基礎建設，網路開始在美國全面性的發展，更加深了我對網路新媒體與民主政治和民意開始互動的觀察。回國之後，雖然也對不同的主題做了一些研究，但是對於民主的「基石」，民意，與快速發展的網路，在各層面上逐漸交織散透，一直都保持著高度的關切。

　　臺灣做為民主後進的國家之一，網路在商業與行銷上的發展頗為迅速；但是在與民主高度相關的民意之間的結合，甚至是最應充分利用創新與多元策略的選戰，在網路的相關運用上，卻是大幅落後於歐美民主先進國家。近年來世界重要事件的發生，許多都與網路和社交媒體密不可分，如有「臉書起義」之稱的「阿拉伯之春」推翻了多年的專制政權，撼動了

二十一世紀的政治體制，也為民主發展的動力與策略重新定義；美國總統大選自從2008年歐巴馬被視為首位充分發揮網路選舉潛能的候選人，到2012年更進一步運用已經是全面網路化的選戰策略，在競爭激烈的選戰中成功獲得連任，如果說1960年甘迺迪和尼克森的人類歷史上第一次電視實況轉播的總統辯論，標誌著美國進入「電視政治」，那麼2012年，我們或許可以說，美國選舉和政治傳播即將進入「網路政治」的時代。

　　然而，在這個由網路重新串起與定義的地球村中，臺灣很難置身其外，不但因為臺灣主要產業與網路資訊科技並駕齊驅，並且因為臺灣的民主發展也與歐美民主先進國家息息相關，甚至常有師法。因此，瞭解世界先進國家網路與民意和民主的快速結合與未來發展，應該也是臺灣不可忽略，亦為思索未來自身發展方向的重要課題。

　　原本計畫這篇心得報告會早一點繳交作業，沒想到因為行政工作的繁重，竟然醞釀了好一些時日，直到行政工作減輕之後，終於可以把作業完成，在此要感謝學校的寬宏體諒。本書實證研究的第二部分，為接受行政院國家科學委員會補助的專題研究計畫，並且得以於國際研討會發表，該研究計畫完整的分析與成果，本人特別留待本書第一部分完成後一併出版，也藉此機會感謝國科會的協助。

　　在本書的撰寫過程當中，本人首先要感謝家人持續不斷地支持。也要感謝許多國內外學者研究成果的激盪，使我得以在學術巨人的肩膀上，有機會看到一些風景秀麗的視野。前置作業的文獻蒐集過程頗為繁瑣，也感謝研究助理郁珳、庭逸、偉文的協助。更重要的是，還要特別感恩許多師長對於本書的完成，提供了諸多寶貴的建議，我永銘於心。

　　陳之藩有云：「要感謝的人太多了，那就感謝天吧!」我也感謝天！只是我感謝天，得以讓我們擁有民主，發明了網路，也有許許多多努力為自己信仰的價值而奮起的人。

林維國

目錄 Contents

圖目錄

表目錄

第一部分

形成之理論與分析
新媒體與民意

第 1 章 ▶▶▶

緒論
網路與民意互動已成不可逆轉之趨勢

　　媒體只重視「擴散」已經過去，成功「滲透」才是未來。新媒體將有能力扮演「擴滲透」（"Expanetration:" Expand-Penetration）的角色。那麼，未來「民意」又如何與這種「擴滲透」進行互動？

　　當代，我們面對的，是一個什麼樣的世界？

　　網路爆炸性的發展似乎已是不可逆轉的趨勢，人類身處其中，民意的竄流與形成，亦日漸與網路密不可分。過去在傳統大眾媒體的「中心化」（Centralized）傳播的邏輯下，如何達到最大量的訊息「擴散」是核心問題之一，然而當代網路「去中心化」（Decentralized）的傳播邏輯，「擴散」可以更低成本與快速的方式進行，未來面對的核心問題應該是：如何發揮網路最大的潛能，進行更為細緻，甚至一對一的「滲透」，進而達到「擴滲透」（既擴張又滲透）的目標。

　　許多學術研究關心網路和人類諸多面向的快速連結與應用，如經濟商務、廣告行銷、社群溝通以及社會文化等，而對於網路與政治發展和選舉策略相關的研究亦不在少數；筆者認為，其中，民意與網路新的互動發展，應該是追本溯源的必要研究之一。

民意研究相關議題至少包含兩個重要層面：一是「民意的形塑」（人民意見的形成與受到的影響），二是「民意的力量」（人民意見具體展現的方式與力道）。而這兩個民意研究重要的層面，在今日人類有史以來首見的全球網路快速發展的整體環境中，「是否」透過網路逐漸進行量變與質變，如果是，其變化又「如何」進行開展與演進，其「結果」對於政治菁英與新聞媒體、乃至於廣大的人民又有何種解讀與啟發？應該是新的民意研究需要重視的議題。

　　再進一步瞭解網路與新的民意可能的發展之前，我們仍然需回歸民意最基本的定義，那就是：什麼是「民意」（Public Opinion）？

　　「民意」，相信在不少人心中已是從小學教科書以來，便想當然耳的名詞，政治人物也常琅琅上口，所謂「民之所欲常在我心」云云，但如果冷靜下來深入思考，一般民眾真的瞭解什麼是民意嗎？政治人物琅琅上口所謂的民意，又是符合人民期待並且是真正的民意嗎？

　　反之，從一個對立面來看，如果所謂的「民意」，並未使得應該是組成民意的「民意主體」一般民眾所深刻瞭解，也並不是民意所要傳達對象「民意客體」的政治人物心中，真正尊重和順從的理想上的名詞，那麼，我們其實可以合理的質疑，一般社會大眾所謂的「民意」，真的存在嗎？

　　進一步就「民意」的定義而論，「民意」如果是定義為理想的「所有人民的意見」，這樣的民意，甚至連一般認為在古希臘城邦時代的廣場（Agora）上短暫的存在過的說法都遭到質疑，因為當時「所有人民」亦有與今日不同的定義，因為不包含女性與奴隸等，更何況之後的歷史發展，民意是所有人民意見的理想，可能從未出現過，也包含今日。今日大部分的民主國家，其人口數和實際運作狀況均很難達到所有人民意見均可即時表達的結果，大眾媒體的存在，不但無法達到此一理想的目標，甚至為人批評有扭曲此目標的可能性，相關議題在本書後續章節均有進一步的討論。

　　因此，既然「民意是所有人民的意見」已經顯而易見的，是過於理

新媒體與民意：理論與實證

想而無法實際操作的定義，那麼，所有人想當然耳並且琅琅上口的「民意」，實際上的定義和被操作的情況又是如何呢？還是，我們要很悲觀的說，「民意」是不存在的？如果所謂的民意並非真實存在，「民意是民主的基石」這樣的民主制度的金科玉律，不就是代表：這樣的民主其實是建築在一片並非真實存在的海市蜃樓之上嗎？

這個問題，民意研究歷經了諸多典範的轉移，有愈來愈清楚地分析與解答，簡而言之，當今較為廣泛接納的「社會認知學派」民意研究認為，「民意還是存在的，而且存在人們的腦中」。當今民主國家與社會對於民意的定義和其運作方式和純然的理想不同，在民意形成的過程當中，愈來愈多的外在力量，如政治菁英和傳播媒體等，不斷介入與影響，民意早已不是單純的人民個體意見量化上的總合，正因為民意不再是客觀的每一個人民意見的總合，其形成過程中，民意被視為是政治運作與選舉的「主戰場」，是可以被影響與操作的，再透過人們腦中的認知作用，漸次形成某些特定政策和公共議題，乃至於選舉投票的所謂的當今「民意」。進一步相關的討論也會在後續章節呈現。

中東的「阿拉伯之春」，在全球許多人對於阿拉伯世界還在霧裡看花甚至全然無知的時候，瞬間爆發了，力道之大，影響之深，使得曾經是民族英雄掌握權力二十餘年的穆巴拉克狼狽的被擊下臺，讓人再一次見識人民力量的偉大。和許多全世界的重大事件一樣，中東的茉莉花革命，對於全球其他人民而言，其實是一場在媒體上被報導，或者被「展演」的重大新聞事件，只是這一次，和歷史上其他事件不同的是，「新媒體」如Facebook、Twitter加入了民意與獨裁者的戰局。

反觀臺灣，最大的網路虛擬社群BBS的「鄉民文化」以及目前暫居主流地位的電視的新聞媒體，早已長期搜尋BBS每日的重要言論，甚至鄉民的集體議論和對於時事的冷嘲熱諷（部分「酸民」的表現），都會成為當天晚間新聞的重點之一。

如果以會員數換算為國家的人數，截至今年已經擁有十億「人口」

（www.checkfacebook.com, 2012），是全世界第三大國家的「臉書」（Facebook），不但加入了上述中東的阿拉伯之春革命，它也加入了人類社會難以想像的諸多層面：如創造「虛實合一」，虛擬結合真實的人際關係與發展，也創造無數重新被定義的人類社群，誘發了數不盡快速發展的社群網站行銷策略，同時快速改寫網路產業弱肉強食的強權排名，在資本主義的計算價值的公式中，其公司市值瞬間膨脹，Facebook的創辦人佐克伯（Zuckerberg）甚至使得當今全球在政治與軍事上最有權力的美國總統歐巴馬，都特地透過媒體在眾所矚目下與他會面，某種程度而言，也象徵了Facebook在網路虛擬和真實世界當中，看得見同時又看不見的權力。

因此，進入網路時代後，這到底是一個什麼樣的世界？

生活在其中的每一個人，或許也都會在某些時候，這樣地問自己。生活在一個更加多變，且更加難以預測的世界，每個人的感受和意見，或許也不可避免地，和過去的時代有著絕大的不同。在這樣的世界中，伴隨著在這樣快速發展的新媒體，許多閱聽眾蒐集資訊以及形成意見的認知過程，應該也正在一點一滴深刻地改變當中：「新媒體」以及「民意」的探索和分析，也應該被認真的檢視。

網路對於人類社會的全面影響，我們現在難以精準掌握，但是截至目前為止，網路的影響力，和www進入我們的生活、網路開始爆炸性的成長的1990年代相比，影響更是讓人不可小覷，許多在當初小看網路的人們，數年之後可能都必須改變看法，而且這樣的影響力，不是只有在網路產業本身，影響更深遠的，是散布在政治、經濟、社會、文化，甚至是當代許多人「認識」（認知）這個世界的重要來源之一，也是許多人蒐集相關資訊，甚至取代傳統媒體，閱讀相關新聞的來源，因此，對於特定的公共議題，網路形塑人民的態度與意見，已經不能只由新媒體影響民意的角度單純視之，比較正確的說法是，當代人是生活在網路影響的政治、經濟、文化的大環境中，有網路而發展的新媒體，也是在這樣的環境中與使用者互動。

伴隨著這個世界高速發展的同時，媒體也愈來愈複雜，且愈來愈快速變化，尤其是人類社會進入了網路時代，如同大江東去一去不復返，人類社會必定愈來愈與網路相依相存，「新媒體」也在這樣的網路環境中，不僅僅是「新媒體」的「定義」，其「內容」、「策略」以及「影響力」也會不斷的被突破與創新，或者我們可以換句話說，不斷的被「挑戰」於「取代」。更重要的是，這樣的媒體突破與被取代的生命週期，比過去歷史上都會來得更為快速。

用一個或許過度簡化的問題來思考：「網路會不會是人類有史以來最偉大的發明？」這個問題，或許每個人的答案都不盡相同，但是，相信大部分的人都會同意，網路已經進入人類現代歷史中的各個領域，包含政治、經濟、社會、文化等，網路是不是人類有史以來最偉大發明的答案，或許等到五十年之後再來回答，將會更明確。

網路在人類各領域中的革命性變化，如果從媒體的角度而言，和過去報紙、廣播、電視等不同時期的媒體革命，其影響所造成的廣度與深度均不可同日而語。網路在媒體引起的革命，就現在而言，已開啟「媒體匯流」（Media Convergence）的必然趨勢，而且不只是媒體技術的革命，也絕對是媒體內容，甚至是產業經營模式，在「邏輯」上徹底的改變。

進而言之，現在網路的革命和過去傳播史中任何階段都不相同，傳播歷史中電視取代廣播，廣播取代報紙成為一時的主流媒體的態勢，當代網路革命並非如此。閱聽眾多元媒體使用的行為，當然會因為網路的產生而更為多元，但是網路所帶來的革命，顯示網路不僅是繼電視之後的「新媒體」，更是未來所有媒體的「新平臺」（New Platform），深入觀察，網路在Web 3.0的時代來臨後，更將成為人類的「新生活」（New Life by the Internet），因為屆時網路將是隨時行動上網、無所不在、串連各種人類生活中事物的生活網路，這樣的量變與質變，絕非傳播史上任何一種「當時所謂的新媒體」所能比擬。有關議題，於本書第四章中有進一步的討論。

就學術研究的角度而言，網路的革命一樣帶來極大的新挑戰。民意理論或是傳播理論的發展，因為網路的革命，而今面臨研究情境（Context）以及研究的閱聽眾媒體使用行為和意見表達方式等巨大的改變。例如影響民意和傳播研究頗為深遠的議題設定理論，在其創始者McCombs和Shaw於1970年代提出該理論的以報紙和電視為主的媒體時空背景，應用於二十一世紀網路盛行的環境，就顯得格格不入，有許多重要變數和概念，如議題設定的方向早已從中心化轉化為互動式，議題的優先和知曉模式也已從少數主流媒體即可設定的情境，轉化為多元媒體甚至網民力量競合關係的現況，有關議題設定理論和網路的發展，於本書第二部分實證研究中有較為詳細的討論。

　　有關本書撰寫的脈絡與各章分配如下：

　　網路時代的全面來臨影響了人類多層面的發展，其中，對於民意與民主的影響日漸深遠。本書嘗試以理論分析與實證研究，搭配國內外重大事件實例剖析，提供網路「新媒體」與「民意」在當代與未來可能的重要發展方向與建議。本書自「何謂民意？」的基本定義開始探討，並討論自啟蒙時代以來至今不同時期的民意研究典範，連結當今後現代主義與網路時代的民意發展趨勢，並在第二章詳細分析。

　　第三章則有鑑於網路新媒體與民意互動關係較少理論與實證的分析，切入數個傳播學與政治學領域重要的理論如RAS Model與議題設定理論等為分析基礎。除了相關理論與概念性分析外，本書並於第五至第七章，進行了橫跨新媒體與傳統媒體的「網路議題設定」實證研究，嘗試描繪目前新媒體與傳統媒體共同形塑民意的可能圖像。

　　最後，除理論與實證研究外，本書第四章亦探討國內與世界重要事件分析，如臺灣PTT批踢踢論壇、阿拉伯之春、美國總統大選網路化等實例，提供相關實證研究資料，以期更完整地論證網路新媒體與民意互動發展不可逆轉之趨勢。

第 2 章 ▶▶▶

民意理論發展典範的啟示

　　相信大家都會同意，民意是民主的基石，許多政治人物也把「民之所欲常在我心」在選舉的時候掛在嘴邊，但是每一位擁有投票權，或是可以參與公共事務的人民，或許可以自己思考一下：什麼是民意？民意眞的存在嗎？如果眞的存在，民意有存在哪裡？

　　這樣的問題，或許是因為所謂民意的定義其實是非常多元甚至混淆。如果一般人所想的最簡單的民意的定義是「每一個人民意見的總和」，以現代國家的人口數而言，例如美國與中華民國臺灣，每一個人民針對特定的公共議題，都要發表意見的話，所需要的時間和空間根本是難以計算的，如果用這樣的的民意定義來決策公共政策，這樣的決策過程也會變得極端缺乏效率。由此可見，這樣的民意的定義，是過度理想而不切實際的，也或許除了希臘城邦時代以外，歷史上沒有一個現代國家曾依照這樣的民意定義執行過公共政策。

　　如果民意的定義又是「社會上多數人的意見」，那麼可能又會面臨什麼叫做多數人？如何測量多數人？少數人的意見就不叫作民意了嗎？

　　或許有些人會直接把民意調查等同於民意，本書作者雖

然也是民意調查的研究者之一，但是對於這樣的把民意和民意調查兩個概念簡化與等同的作法，抱持反對的立場。民意調查當然是「探測」民意最科學而且系統化的工具之一，它是一種測量工具，如果沒有人為的故意操縱，或是系統誤差，在具有必然但是可以預測的抽樣誤差範圍下，民意調查仍然是截至目前為止，最好的瞭解特定民意分布和趨勢的測量工具之一。但是，這和把民意調查和民意之間直接劃上等號，或者是把民意調查無限上綱以及過度的解讀，是完全不同的。

所以，以上似乎皆非，那麼，民意到底是什麼？

有關民意的定義，長久以來，各家說法不一，我們甚至可以說：各家對民意的定義唯一沒有爭論的，就是「民意目前沒有一致的定義」。西方最早從啓蒙時代和法國大革命時，開始了比較有系統的討論，在東方的中國，也認為孟子是早期論述民意的哲學家。自從十七、十八世紀開始，西方哲學與民意研究認為民意在「公共性」（Publicity）的基礎之下，應該是一個公民理性（rational）並且具有道德感（moral）的社會溝通之後的共識；部分學者甚至認為，民意除了整合公民對於公共議題的共識之外，同時在另一方面，民意也扮演了要求公民順從社會壓力的重要角色（Noelle-Neumann, 1977）。

也有部分民意研究學者主張，所謂的民意，不見得是從全體人民意見的角度觀察，而只是「具有相當份量數量的一群人，針對重要問題，而表達其複雜偏好的綜合」，並且定義民意的五個要素為：議題的出現、民眾的本質、民眾複雜偏好的綜合、意見的表達、與參與的人數（Hennessy、趙雅麗等合譯，1990）。

在十九世紀末到二十世紀初期，西方先前居主導地位的以政治哲學為理論基礎的民意研究，逐漸地為實證主義（Empiricism）和民意調查（Polling）資料為基礎的美國實用主義（Pragmatism）和社會心理認知學派（socio-psychological cognition）所取代，更詳細的民意研究典範的轉移（Paradigm Shift），本書將於稍後介紹。

部分學者如史伯利克（Splichal）曾經提出對於二十世紀以後居主流地位的實證主義民意研究的憂慮，並且認為這樣的研究取向，無法將民意研究的成果連結至過去傳統所關切的民意與知識（knowledge）、認知（cognition）、傳播（communication）、權力（power）、控制（control）和政治（politics）等面向的關係，並且希望提出批判式理論（critical-theoretical）取向的民意研究（Splichal, 1999）。

史伯利克曾經在彙整了民意研究的各家說法後，提出了「民意研究理論化」的重點面向，包含了大眾媒體（Mass Media）、菁英專家（Experts）、（以大部分的歐美國家而言）三權分立的政府（Institutions of the Three Branched of Government）、國際社群（International Bodies）、跨國財團（Trans National Commercial Corporations）等面向，以及各面向與公民（Citizens as "The Public"）互動影響的結果，這樣的結果，便是當今的民意（Public Opinion）（Splichal, 1999）。

雖然影響民意的各面向可能比史伯利克所提出的模式更多，但該模式至少已將當今大眾媒體主導的環境中，影響民意的重要面向涵蓋進來，並試圖描繪個別面向之互動關係，這樣的民意研究理論化的重點面向，也大致涵蓋了不論是目前主流典範的社會認知學派，已具體分析的大眾媒體和菁英與政府之間的關係，以及史伯利克所提醒的批判式理論，亦非常關切國際資本主義環境的影響。

然而，在史伯利克的民意研究模式中，似乎對於人類歷史上關鍵性的網路新科技興起的因素，並未著墨。或許因為Splichal民意理論化模式提出的90年代，網路才剛興起，其擴散和影響力和今日不可同日而語，本書作者認為，90年代網路（嚴格來說應該是使用較為便捷且具備圖文多媒體的「全球資訊網」World Wide Web）的全球普及率與今日相比，早已不可同日而語，我們應該可以順應時代的發展，將史伯利克民意面向的模式中，加入「網路新媒體」的變項。

「網路新媒體」和史伯利克所敘述的「大眾媒體」並不全然相同，

史伯利克模式中的大眾媒體較為傾向傳統的報紙與電視媒體，並且因為傳統大眾媒體的限制，該模式也進一步連結了民意形塑過程中Tonnies的「反身性意念」（Reflexive Will）和二十世紀傳統大眾媒體互動的問題。Tonnies（1923）的「反身性意念」（Reflexive Will），細分三個複雜的形式：1.公約領域（The Sphere of Convention）：主要歸屬於社會中之經濟層面，2.法規領域（The Sphere of Legislation）：主要歸屬於社會中的政治層面，3.公眾意見領域（The Sphere of Opinion of the Public）：主要歸屬於道德倫理議題層面。其中，兩個重要議題必須注意：第一，民意如果獨立於其他複雜的體制外，其是不能被瞭解與解釋的，因為這些概念都屬於利益社會（Gesellschaft）的基準概念或是禮俗社會（Gemeinschaft）之概念。第二，包括Tonnies的架構在內，都無法將民意從社會概念中排除，舉例來說，大眾媒體明顯地屬於民意領域概念中之組成與表現，有如經濟無法與政治領域劃清，同時也無法在社會中抽離。

一、「網路新媒體」與「傳統大眾媒體」存在「本質與特性的差異」（Difference in Nature and Characteristics）

在二十一世紀網路新媒體逐漸成為影響人類傳播甚至生活的重要環境後，「網路新媒體」既可以是如同「大眾媒體」一般，具有由「中心化」（Centralized）向外擴散的廣大傳播力量，其影響之速度、國家和受眾，甚至跨越傳統的報紙和電視媒體；同時，網路新媒體當然也可以是「小眾媒體」，以「去中心化」（Decentralized）的方式，提供使用者一對一、一對多、多對多等等不同的小眾傳播功能；網路新媒體甚至可以是「一人媒體」，提供使用者獨自「搜尋」（Browsing）其所需要的資訊和娛樂，在網路各場域只當個潛水者（Lurkers），而不用與任何人互動。進一步而言，「網路」（The Internet）當然也可以超脫出單純作為「媒體」（a Medium）的功能，其原本就存在豐富而且多元化的各種功能，如購物、拍賣等電子商務和營利模式，其功能也並非是以扮演「媒體」為主要目

標。

　　因此，「網路新媒體」和傳統「大眾媒體」實存在著本質（Nature）、特性（Characteristics）、功能（Function）、和科技（Technology）等面向上的重大差異。

1. 「訊息來源」的差異（Difference in Source）

　　進一步而論，姑且不論網路新媒體和傳統大眾媒體在本質和功能等面向上的差異，這些是從「媒體」自身的角度探究其差異。就「使用者」角度而言，網路新媒體和傳統大眾媒體的分野或許就更清晰了；如果就使用者獲取新聞或公共議題訊息的「來源」（Source）來看，凡是從「網路」所獲取的資訊，不論是入口網站新聞、電子報、論壇、社群媒體（臉書、推特）、跨國網路消息來源等，應該都歸屬於「網路新媒體來源」。反之，透過「電視」和「報紙」等傳統大眾媒體取得資訊，仍歸屬於「傳統大眾媒體來源」。

　　「網路新媒體來源」和「傳統大眾媒體」兩者訊息來源在民眾獲取資訊的比例上，自本世紀以來，消長愈來愈明顯。以「皮優研究中心」的「人民與媒體」（Pew Research Center for the People and the Press, 2008）調查為例，美國民眾對於2008年總統大選主要的消息來源，「網路新媒體」已經從2000年的9%、2004年的13%、至2008年一路上升到24%，幾乎是2004年的一倍。到了2010年美國期中選舉，一般民眾從網路獲取政治資訊的比例，已經高達54%，比較2008年，也成長了一倍有餘（Pew Research Center for the People and the Press, 2011）。另一方面，「傳統大眾媒體」仍然以「電視」為主要來源，但是其比例卻逐年下降，從2000年的48%、2004年的42%，下降到2008年的40%。由於民眾花在獲取消息來源的時間和精力有一定的限度，在這個前提下，媒體消息來源可以更多元，但是也會更競爭，而這樣的「媒體競爭」現已在「使用者」的面前熱烈地展開，而其消長和未來趨勢其實已經非常明顯。

2. 「媒體匯流」的趨勢（**Trend of Media Convergence**）

再者，已經討論多年的「媒體匯流」（Media Convergence）亦會加速「網路」取代傳統媒體的趨勢。所謂「媒體匯流」，指的是眾多不同媒體將會因為科技和未來發展的需要，匯集在同一平臺上，這個平臺便是「網路」。由於「數位化」（Digitalize）已經是科技和未來發展的基本標準，揚棄類比（Analog）訊號，走向「媒體數位化」就是無可避免的目標。在考量資源整合、降低成本、使用便利、而且傳輸速度更快、資料更大等多重因素，不論是傳統平面媒體（報紙和雜誌）或是電子媒體（電視和廣播），都注定會走向「媒體匯流」的方向。屆時，「網路新媒體」將會因為「匯流」，成為所有媒體的「共同平臺」，而「自然地」取代目前「傳統大眾媒體」的傳播方式和使用習慣。

3. 「世代效果」的確認（**Confirmation by Generation Effect**）

除了「媒體本質與特性」、「消息來源」、「媒體匯流」的因素以外，「世代效果」（Generation effect）也是預測「網路新媒體」勢必超越「傳統大眾媒體」的重要原因。以美國為例，年輕族群（18-29歲）早已使用「網路新媒體」來獲取公共訊息，而收看電視的比例遠低於年長者。18-29歲年輕族群從「網路新媒體」獲取2008年美國總統大選的相關訊息的比例為42%，電視的比例為25%；30-49歲青壯族群在網路資訊獲取的比例上為26%，電視為39%；50歲以上年長者，網路的比例為15%，電視則為50%。由此可知，在二十一世紀的前十年內，從「世代輪替」的角度而言，「網路新媒體」已經逐步而且穩定的取代了「傳統大眾媒體」，成為年輕族群的主要媒體和消息來源。這已經成為一種「大江東去、不可逆轉」的世代趨勢（Generational trend），也就是說，十年之後，新的年輕族群仍然會如此，甚至使用網路的比例更高，而現在十年的年輕族群成長為青壯族群，其使用網路的習慣早已成形，僅這兩個世代對於「網路新媒

體」的使用和習慣就有可能「翻轉」（Reverse）「傳統大眾媒體」的優勢，更何況是再下一個十年，下一個世代？從實證的數據上來看，「世代效果」將會更加速「網路新媒體」全面時代的來臨，而且極有可能在十年之內即可見眞章。

簡而言之，二十一世紀的民意形塑過程中，若依照Splichal 納入傳統「大眾媒體」的模式，而未納入「網路新媒體」的面向，詳細分析其與傳統「大眾媒體」之間的相似與相異的互動關係，並且討論兩者對於當今民意的重要影響，應該都是一種缺憾。

爲了使我們在面對二十一世紀網路新媒體對於民意可能的重大影響有更清楚的瞭解，先回到過去，瞭解「民意研究」的源頭和後續的重要發展，將會對現今的民意研究有歷史脈絡的意義。

有關與民意研究歷史發展的相關著作眾多，本書的主題並非集中於歷史介紹，因此，以下的歷史發展僅是簡略而基本的介紹。對於歷史的基本瞭解，乃是冀望由歷史發展脈絡的理解，嘗試梳理出當今對於民意概念和定義上造成混淆與不明的背景來源，並對於未來民意形塑與相關研究，提供可能的更佳觀點與分析。

二、啓蒙時代古典民意概念與研究

近代民意概念和研究的興起，一般均追溯至啓蒙時代（Enlightenment）。而啓蒙時代「大陸傳統」（Continental Tradition）的典範人物，又以盧梭（Rousseau）、黑格爾（Hegel）、洛克（Locke）、肯特（Kant）、馬克斯（Marx）等人爲代表。

早期的民意研究，因爲民主的發展尚未穩固，必須注意政府對人民意見的控制和媒體（時爲報紙）審查制度。民意的歷史發展在二十世紀中引起更多的關注，並且在社會學理論影響下有了更多的討論，其中最重要的論述爲民意在十八到十九世紀初時亦受到英國古典自由主義理論的影響，同時從十九世紀的後半葉開始，自由派對多數暴政專制制度展開了批判。

跨越十八世紀末葉到十九世紀上半葉，這兩種典範是由德國的法律政治理念按年代順序區分，在這個發展中，最早和盧梭的「社會契約論」相連結，當然不能忽視。

首先，影響啓蒙時代以及法國大革命甚鉅的盧梭的《社會契約論》（*Social Contract*）巨著中（1762）即提到「公眾意志」"volonté générale"（General Will，與現譯之「民意」相通），並且擴充了蒙提斯奎（Montesquieu）的概念"esprit générale"，洛克並呼應兩人，且提出了「意見與聲望的律法」（the law of opinion and reputation）的概念，三者在法國大革命之前，對於民意的概念化（Conception）均扮演重要的影響力（Splical, 1999）。

盧梭「社會契約論」希望透過正義和法律，建立一個合法（legal）且值得信賴（reliable）的政府，其中，「公眾意志」（General Will）即扮演了關鍵的連結角色。「公眾意志」是由個人（individual）的意志整合爲集體的（collective）、具道德感（moral body）並且具有政治性格（political character）的公民（the Republic）。只有公眾意志可以引導國家權力（power of country）與合理的大眾福利（common welfare）協調一致，而國家創立的目的，即是基於公民的大眾福利。然而，公眾意志只存於爲了追尋普世共好（universal good），並且具體實踐於法律之前人人平等的眞實社會中。盧梭並且特別強調，這樣的公眾意志，是與「每一個人意志的總和」（sum of every individual will）是不同的，因爲每一個人意志的總和，是個別慾望（desire）和私利（private interest）的總合而已，和盧梭所謂的「具道德規範和律法經驗的整體意志」是完全不同的。並且，只有在這兩種意志完美的結合情況下，個人才服膺於大眾律法，而後大眾選舉（general vote）的結果才會與公眾意志（general will）相吻合。

在歷史時期中，公共（Public）與公共性（Publicness）和民意的概念被定義爲兩個概念：1.以整體來看，他們只在特定的時期有效；2.他們總是被用於特定的社會階層，例如中產階級，即使公共性的定義是基於大眾

皆可近用的原則。民意的概念總是和中產階級的概念相連結，儘管兩者之間一直存在著重大的差異（Williams, 1976）。

如同Negt和Kluge（1973）所指出，中產階級公共與公共性仍然存在一個基本的矛盾，一方面，中產階級假裝代表或表達全體的意見，但另一方面，卻同時排除了工商業機構和社會化的家庭這兩種社會生活中基本的領域。在這樣的情形下，公眾和民意雖然關注公眾利益，但是就參與層面而言，卻不是容許所有人都有近用權。

Kant（1781; 1952）認為，和專制制度相比，共和政體的政府是由：1.每個社會成員都擁有自由為原則；2.對共同立法的依賴關係；3.作為公民的平等組成。因此，共和政體代表立法機關的正確性和公正判斷的標準，也形成一個自由國家的聯盟基礎，這可能終止永無止境的戰爭和暴力。Kant對於共和政體的宣揚原則，不是直接的和民意做連結，而是把政治、道德及民意做調和。

Hegel 黑格爾在其著作《法哲學原理》（*Grundlinien einer Philosophie des Rechts*, 1821）提出了對於民意的分析，他認為與民意有關的公共性（Publicity）是一般民眾對於公共事務的相關知識得以擴展的基礎，公開的論辯使得民意得以對於公共議題深入的問題，獲得可靠的資訊，並且得以作出判斷。同時，公共性也應該是民眾個人以及團體可能的自大所引起問題的解藥，並且也應該是其教育的主要內容。黑格爾也認為，民意是民眾沒有組織的意見和期望，得以被瞭解的一種方式。

就黑格爾而言，民意有兩種不同但是互相牽連的困境：其一是公共的使用和推理（public usage and the authority of reason），其二是不同的情境、忽略、以及錯誤的推理（contingency, ignorance, and faulty reasoning）。以下黑格爾的分析頗為精闢：

「個人的主觀自由，包含了他們擁有並且表達出來的，個人對於國家事務的判斷、意見、以及建議。這樣的自由，如果以整體性顯而易見

的方式呈現，即被稱做是「民意」；其中普遍適用的、實質的、以及眞實的，與其完全相反的一面互相連結，就是「大眾的」（the Many）獨特並且私有的意見。民意的存在，因此是一種自我矛盾、以知識爲表象、其本質性正好凸顯出其非本質的一面。」（The formal subjective freedom of individuals consists in their having and expressing their own private judgment, opinions, and recommendations on affairs of state. This freedom is collectively manifested as what is called "public opinion," in which what is absolutely universal, the substantive and true, is linked with its opposite, the purely particular and private opinion of the Many. Public opinion as it exists is thus a standing self-contradiction, knowledge as appearance, the essential just as directly present as the inessential.）（Hegel 1821; 1971, p. 204）

　　黑格爾對於民意可能存在的矛盾和問題，正好從民意本身的字義 "Public Opinion" 上而言可以窺見一二，亦即是，Public本身隱含了公眾整體的、公開的意涵，但在另一面，Opinion也包含了人民個人、私有的意見，如果要形成Public Opinion，這兩者之間就必須要經過一定的程序進行連結，連結的過程中可能產生的矛盾以及顧此失彼的問題便可能產生。

　　黑格爾（1821; 1971）對民意一詞進行定義時，首先認爲人性是自由並非與生俱來的，並且會在其預設的理性下，在透過瞭解當時的法律與制度，才會體現在行動中，因此，個人所關注的事物皆是具有實質性和利益性的。他認爲，政治宣傳主要是擴大公共事務的知識，在讓一般人也知道公共事務，公開辯論可以使得民意更洞察到問題，就像可靠的消息也需要做出理性的判斷。

　　隨後十八以及十九世紀英國的Liberal Utilitarian Theory和德國的Legal-political philosophy，對於民意的定義與概念化都有著典範性的影響。例如Bentham（1791）對於民意與議會（Parliament）之間的關係，提出了六點看法：1.監督與制約議會成員履行其職務；2.加強與鞏固人民

的信心，以及同意在立法上的判斷；3.使政府瞭解被其統治者的期待與願望；4.使公民在選舉時得以有充分的相關知識和資訊進行投票；5.提供議會來自於可以為社會謀福利的人民意見；6.可以提供人民從中增添幸福的來源。

Bentham（1791）並對於人民選出的議會能夠保障執行民意，提出四種方法：1.應公開原始的議事錄和處理議事相關的文件；2.保存所有議會的演說、問題與答案的紀錄；3.容許非官方的出版品；4.允許一般民眾進入議場旁聽，除了女性以外。男性的性格也被視為是「公眾性格」的重要特徵，以及出版自由的基礎。Bentham認為，並非所有個人都擁有相同的能力進行理性的判斷，他甚至區分公眾為三個不同的層級：1.最大多數的階層是極少接觸公共事務，因為大部分人沒有時間閱讀（reading）和推理（reasoning）；2.部分人會「借用」（borrowing）他人的判斷，因為他們自身沒有判斷和形成意見的能力；3.少部分人為菁英（elite），可以有能力自行做理性的判斷。

當時的政治菁英，對於民意的看法也不全然是普及到全體人民的。另外一個例子是，MacKinnon（1828）以「統計上的分類」觀點，將使社會成為上層階級、中層階級、下層階級（和Marx的階級分類不同），上層階級包含擁有持續的多數人民的支持，中層階級包含兩個到數百個人民的支持，下層階級則包含非屬於上述兩個階級的其他人。就歷史經驗上而言，民意會在下列四個基本的情況時發生，1.工業化權力的增加；2.擁有傳播的設備和能力；3.適度的宗教性的感受；4.資訊在社會中的擴散傳播。所有這些條件都和中產階級的成長和發展有關，和上流階級是較小的程度的相關，自由國家中的上層階級被成長中的中產階級嚴格限制著。

整體而言，這樣的看法否定了「公眾擁有足以判斷，並且經常判斷公眾事務的能力」，並且對於教育知識尚未普及的十八、十九世紀的民意的形塑，基本上採取「菁英小眾路線」，並且以「男性」為主，排除了女性的正式參與。

這個時期部分學者和當時的想法，雖然以現代的角度而言，頗不合時宜，而且具有嚴重的性別歧視，但是在當時的時空背景，確實也獲得許多社會的支持。但是隨著時代的進步，更符合教育知識普及和民主發展的民意研究，也在世界各地逐漸發展起來。

三、二十世紀初期社會學（Sociology）及實用主義（Pragmatism）影響民意理論的趨勢

雖然早期古典的民意理論家開始對民意提出了許多獨到的見解，但是，後續的研究者也批評部分古典民意理論缺乏系統性的分析（Speier, 1995）。比較為後續研究者歸類為現代具有科學研究基礎的民意理論中，應該是二十世紀初期的羅威爾（Lowell）和李普曼（Lippmann）為代表。

二十世紀初期，民意在美國與德國成為社會學理論概念化中的一環，並有愈來愈多的批判理論與政治及民意相關，同時美國開始快速地增加相關的理論和研究，並且將民意稱為社會過程中的一個重要環節，並與社會學中團體的反應理論相關，Blummer（1946; 1966）從社會學角度探討民意，認為愈來愈多的民意調查（Polls）的出現，代表了古典民意理論的終結，因為社會學強調的是蒐集資料、反應資料內容、理性推論，這些都是被認為是現代民意研究的組成要素。民意與社會學之間的相關性，在透過許多實用主義學者（例如Dewey）發展後，亦同時受到符號互動論中的相關傳播理論概念所影響，而美國實用主義主要是其社會與歷史發展的內在因素所發展而成。

盛行於二十世紀初的民意社會概念化與團體互動的社會心理模式共同擁有一些特點。當時最具權威的理論家（如德國的Tonnies、Bauer及美國的Dewey、Park、Lippmann等人）明確地指出，心理研究是一個重要性不亞於規範性的政治理論的民意研究的理論來源。早期的社會理論家將民意定義為有機（organic）的社會過程，但爾後又有重大改變，重新定義為

在調查研究中能夠被指認且衡量的數量單位。民意研究探討的問題點，從基於進步思想期望上的理論思考及社會評論，轉移到新興研究方法裡的實際考量及特定問題上（Splical, 1999）。

在此時期，部分研究者也提出了不同的思考方向，例如Blumer（1948）則以「符號互動論」，起源於芝加哥學派和美國實用主義學者，作為民意研究的新方向，反對社會研究中的實用主義和經驗主義。Blumer宣稱民意的實證研究調查並非良策，他建議研究者應該瞭解政策制定者，辨明何種形式的民意表達可獲取其注意並影響其行動。Blumer發現公眾在民主的過程中扮演一個不可或缺的角色，保持實用主義的傳統，他認為民意在經驗研究的發展最重要的部分，是引起公眾興趣的方法和其如何表達意見。

和古典時期的民意研究哲學相比，美國實用主義從一開始強調他在社會研究和社會學的實證角度，所有描述性和解釋性的社會科學的具體化實現。實用主義對公眾和民意的瞭解是基於盧梭（Rousseau）的假定：每一個人具備智慧，根據自身的利益就會去參與政治事物；杜威（Dewey, 1927）還強調民主形成時諮詢和討論的重要性（投票和多數決），這也揭露了社會的需要。Dewey回應Tocqueville所認為民主選舉產生了平庸的統治者反映了普通人的激情和愚蠢的想法，事實證明，民主政府是有教育意義的，這是和其他形式的政府完全不同。

然而，實用主義之後也成了被批評的對象，特別是關於在新社會學傳統中，民意已經不合理的減低政治控制的功能，而應由特定的機構和機制來行使這個權利。例如Walter Lippmann（1922; 1960）對實用主義者提出較為直接的批評，特別是對Dewey所認為對民意有絕對的信心，Lippmann則不認為所有的民眾均具備瞭解公共政策資訊與正確判斷的能力，大部分民眾無法瞭解和決定複雜度較高的社會議題，因此，大眾媒體可能藉由權威和專家用情感涉入和刻板印象來「塑造」民意。

二十世紀後半葉，美國實用主義發展已經有些失勢，民意研究的主

導典範地位，逐漸由社會心理學主導。有關此點，本書將於下一節繼續討論。

四、二十世紀中期，民意理論和調查方法深受「社會心理學」以及「心理認知學派」的影響

1. 理論和方法的二元轉向

二十世紀中期以來民意研究的典範，民意理論有更聚焦於社會心理學詮釋的角度（socio-psychological approach），同時，民意調查「研究方法」亦有朝向「心理認知學派」（CSA, Cognitive Survey Aspect）發展的傾向，或者我們可以說，正是因爲一體兩面，互爲因果，民意研究的理論（Theory）和方法（Methodology），都有同時轉向社會心理認知學派的趨勢。

在第二次世界大戰前後，西方國家（尤其以美國爲主）正處於以社會科學（Social Science）的精神和方法來解決社會問題和國家建設的時期；於此期間，社會問題的解答（restrict social problem）和建構改革取向（reform-oriented）的理論，並且發展出跨領域（disciplinary）的知識，結合實證的調查（empirical investigation），蔚爲一股風潮。因此，實際證據和量化的民意研究逐漸成爲主流，先前的民意研究注重民意、政治民主、媒體自由等之間互動關係的取向，逐步被量化的民意調查（Public Opinion Polling）、政治宣傳的分析（Analysis of Propaganda）、以及公共關係（Public Relations）的發展所取代（Splichal, 1999）。

自從蓋洛普（George Gallup）於1930年代創立蓋洛普民調公司以來，量化的民意調查對於民意研究的影響和爭論便一直沒有間斷。社會心理學派的民意研究雖然運用實證調查的資料，但是也警覺單純量化的「民意調查」（Public Opinion Poll）並「不等同」於「民意」（Public Opinion），二十世紀民意的形塑過程與結果較之前的時代更爲複雜。

李普曼（Walter Lippmann）認為二十世紀以後民意的發展，傾向於個人主觀認知和受到外在資訊與環境的重大影響的一種形塑過程；李普曼對一般人面對一個複雜而且距離自身很遙遠的事件，如何進行瞭解的形成過程，在其鉅著《民意》（Public Opinion）中，有極為精闢的分析：

「我們每一個人都在這個地球上生活和工作，在一個小範圍內移動，熟識的人也只有少數是非常親近的。我們所看到任何具有廣大影響力的公眾事件，都只是事件中的一個階段和一個部分而已……無可避免的，我們的意見，比起能夠直接觀察到的（directly observe），涵蓋的更廣，接觸的時間更長，以及更多的事物。所以，我們必須把其他人所報導的和我們能想像的，想辦法拼湊在一起（pieced together）。」（Lippmann, 1922/1960, p.59）

公共關係教父（Edward L. Bernays）在其名著《民意的形成》（Crystallizing Public Opinion）也提出了概念類似的看法：「民意這個名詞，是被形容為負面定義的（ill-defined）、反覆無常（mercurial）、極易改變（changeable）的個人（individual）所組成團體（group）的一種判斷（judgment）。民意是組成社會和任何社會團體的男人和女人，其個人意見的加總（aggregate），而現在變得更一統化（uniform）、更衝突化（conflicting）。所以為了要瞭解民意，我們必須回到組成這個團體的個人。」（Bernays, 1923/1961, p. 61）

從啟蒙時代到二十世紀初期的這段時間，民意理論集中焦點在注意社會場域（social places）的一些現象，民意理論也面臨電子大眾媒體（electronic mass media，如廣播和電視）的挑戰，其對於民意的形成，也超出了人們身體上所能觸及的環境（physical setting）。

2. 民意本質（**Nature of Public Opinion**）解讀的轉變

德國社會學家滕尼斯（Tonnies）早期觀察到一個想像的知識團體（imagined intellectual grouping）的形式，其成員共享相似的想法和意見，而不直接互動。社會心理學傳統（Socio-psychological tradition）和滕尼斯及早期的「規範概念」（Normative Conceptualization，亦即：注重民意自身形成的理性與道德）正好相反，社會心理學傳統否決集體主義（collectiveness）、理性（rationality）和道德（morality）是民意的組成要件（attributes）。李普曼基本上已經否定了古典時期認為，民意具有自身理性和道德的本質。更進一步，不只是社會心理學派抱持著這樣的立場，就連「後滕尼斯」（Post-Tonnies）學派（包含Blumer與Mills）也否定了民意隱含著道德面向（moral dimension），並且其集體的有效性（validity for collectivity）是來自於這樣的道德面向。取而代之的觀念是，民意與「心理機制」（psychological mechanism）存在著極大關係，例如：諾爾紐曼（Noelle-Neumann）的沉默螺旋理論（Spiral of Silence Theory）所提出的「害怕的恐懼」（fear of isolation）即是證明（Spilichal, 1999）。

Berelson 和Janowitz（1950）指出社會心理學受到新方法論發展的強烈影響，實驗和其他實證的方法是可以被驗證或具有信度的，這種經驗主義的趨勢影響了民意研究的方向，相當程度而言，也遠離了民意古典理論概念化的過往，從1930年代開始，隨著蓋洛普科學民意調查的發展，這種實證的社會心理學民意研究之趨勢，到二十世紀中期，逐漸確立主流典範的地位，並被稱作科學民意調查；這種科學民意調查的研究，可以快速地瞭解民意、經濟的問題，且把民意變成一個大規模的流行地調查趨勢。嶄新的民意研究致力於選舉投票或預測公眾議題的投票結果，民意調查也包括了尋找消費者購買習慣，藉以討論購買行為和廣告之間的相關性，並可以「市場調查」的型態出現。在這種思維下，「公眾」和「團體」這兩

個字，都是實用且可以互換的，民意因此就是把個人的意見集合在一起（透過隨機抽樣的推論方式），研究的主題也不再是民意本身，反而是社會心理學傳統的角度。從這種角度而言，和比較悠久的典範相比，對於民意的新瞭解，或許也可以說是從任何民意研究的歷史或假設中被解放出來。

3. 民意調查方法論的反省和精進

就在民意理論面臨社會心理學派重大影響的同時，民意調查（Public Opinion Poll，或者也簡稱Poll）也面臨到重新檢討調查工具效度與信度的問題。雖然民意調查方法學的討論，並不在本書規劃的章節之內，但是以調查方法的準確度和代表性對於民意理論和相關研究的建構有著極關鍵的影響，本書於此僅做簡略的介紹，更深入的討論將於作者其他的研究中分析之。

近年來民意調查有逐漸朝向「認知學派調查方法」（CASM, Cognitive Aspect Survey Methodology）發展的趨勢，從早期調查方法典範的「心理計量學」（Psychometric Theory）、Cannel的「過程理論」（Process Theory），到近年來所提出的「高低路徑理論」（High/Low Road Theory），例如：「滿意度模式」（Satisficing Model, Krosnick, 1991）、「雙軌理論」（Two-Track Theory, Strack and Martin, 1987）等，2000年Tourangeau等人在其著作《調查回應心理學》（*The Psychology of Survey Response*）中，亦提出了「調查回應過程模式」（Response Process Model），並且從認知心理學的角度，詳細分析組成調查受訪者（respondent）回應過程中重要的四大元素：理解（comprehension）、抽取（retrieval）、判斷（judgment）、回應（response）。

更進一步，新的民意調查研究亦注意到「文法」（grammar）和「語意結構」（semantic structure）對於問卷調查問題呈現的精準度，與受訪者理解問題的認知程度，存在高度的相關性，這些研究成果都已經超越了

傳統調查問卷設計，大部分僅注意引導性問題、雙重否定等較為表象的用字遣詞議題，並且可以使得問卷設計與該國語言文法和語意學相結合，並且透過受訪者認知的分析來進一步獲得實證結果（Tourangeau, Rips, and Rasinski, 2000）。我國民意調查問卷建構的未來，或許也可從國外這樣的發展方向得到一些啟發。

五、網路新媒體與「後現代主義」和「資訊社會研究」對民意之影響

「後現代主義」（Post-Modernism）一詞最早可以溯及十九世紀末期和二十世紀初期，分別由J. W. Chapman和J. M. Thompson所提出，二十世紀中期在法國結構主義和後結構主義盛行的時代，後現代主義回應了後結構主義的論點，對於西方現代主義的各種問題，提出了深刻的批判，並且在建築、藝術、文學、哲學思想上產生了諸多影響，使得後現代主義在二十世紀中期以後，逐漸受到重視。

推動後現代主義思潮的學者眾多，一般認為包括海德格（Heidgger）、傅柯（Foucault）、里歐塔（Lyotard）等人。本書作者認為，其中尤以里歐塔的後現代主義理論，對於當代社會體系與價值觀的新發展，分析民意在此新發展中孕育所受到的影響，甚至連結網路新媒體在二十世紀末期快速興起，帶來的社會巨大轉變而影響民意形塑的目的和過程，都有不可忽視的啟發作用。

後現代主義的核心思想，是對於現代主義中強調科學和客觀追求事實的一種反叛，並且認為，純粹客觀的真實並不存在，真實不是人們所理解的像鏡子一樣的可以反映出來，而是植基於個人對於其周遭環境「解讀」（Interpretation）之後所建構的所謂真實。因此，在個人「解讀」的過程中，其所身處的文化、傳統、種族、教育背景等變數對於其解讀的結果就會產生重大的影響。里歐塔在其著作《後現代的情境：一份知識學的報告》（*The Postmodern Condition: A Report of Knowledge*, 1984）中更進一步提出「鉅型敘事」（Meta-narrative）的概念，他認為西方社會至今仍

然存在一種「半神話式」（quasi-theological）的信念，對於人類存在的目的、理性和進步，存在著巨大的情境結構，這樣的結構便是現代社會中的「鉅型敘事」。但是，這樣的鉅型敘事現在已被快速發展的「資訊化」和「商業化」腐蝕，也就是鉅型敘事已經面臨分崩離析。

　　後現代理論對於民意概念的批判主要有兩個方向：一為拒絕社會關係中的中心化的共識（centrality of consensus，亦即：民意有「去中心化」的趨勢），二為日趨複雜和多樣性所形成的網路社會（network society），其重要的特徵即為不斷進行的跨國化和全球化，如里歐塔（Lyotard, 1984）即反對人本主義哲學（Humanistic Philosophy）所提出的人類具有全觀性（Universality）、共識性（Consensus）、一致性（Generality）等思想，並且反對哈伯瑪斯（Habermas）所提出，語言具有一致性有效的實用規則，此規則必然會導致理性論辯的共識這樣的說法；里歐塔也反對哈伯瑪斯所宣稱的「共識是對話的目的」（consensus is the purpose of dialogue）。至於對未來的解決之道，里歐塔認為，我們應該以持續不斷的實驗過程，以及注重在「語言遊戲」（Language Games：里歐塔援引自Wittgenstein的說法，認為語言如同西洋棋的邏輯一般，具有一定的排列與策略）中可以被實際評估的多異性（Diversity），而並非追求形而上且艱深難懂的均一性（Unity）（Lyotard, 1984）。

　　除了里歐塔的後現代主義觀點之外，對於當代「資訊社會」（Information Society）所帶來的民意和民主概念的討論亦不勝枚舉。

　　哈伯瑪斯（Habermas, 1962; 1995）則提出，在傳播科技、經濟、文化的發展與政治的變化，連帶轉變了以往公共性、民意與公共領域的概念。他認為是因1960至1980年期間，存在三大面向的轉變所形成的：第一為私領域及隱私權概念抬頭；第二為公眾對公共領域概念的組成和態度改變；第三則為大眾民主合法化。Habermas進一步指出，報紙所扮演的是一個整合性的討論區域，合理的公共辯論被定義為一特殊之團體，並且充滿著社會心理學層面的各式功能，但是隨著資訊的日益普及，媒體上有

關公共政策的實質討論卻變得愈來愈少，其公共議題的功能也被稀釋，換句話說，儘管公開性的本質能藉由公共傳播的過程予以強化，但廣告以及系統化市場調查的介入，不僅使得媒體的商業化變得更加嚴重，也代表著公共領域當中，基本要素的質變。為了滿足廣告商的利益與需求，中產階級的意見不得其門而入，媒體原本的監督角色日漸薄弱，這個由幕後機制進行操作的新系統，更是嚴重影響媒體的功能和角色。

Mayhew（1997）則認為，電腦中介傳播和過去的傳統大眾媒體如電視和廣播不同，至少電腦中介傳播是能夠互動的。然而在實務上，這並不是一個大規模的現象，因為：其一，所謂的透過電腦中介傳播而形成的「虛擬社群」，目前並未包含廣大的成員；其二，目前運用「非互動傳播」的機會，仍然大於可以使用「互動傳播」的機會。

雖然前述諸位學者都對網路新媒體時代的來臨，提出了許多觀點與分析，甚至有所警惕，如同里歐塔的後現代主義思想其實並不是歌頌資訊革命，反而提出資訊革命對人類社會所造成的負面影響；甚至部分學者提出悲觀的質疑，認為後現代主義的思潮或許會造成「民意的消失」（Splichal,1999）。但是，後現代社會的發展如果真如里歐塔所述，現代主義所追求的「鉅型敘事」正在崩解之中，社會整體共識也愈來愈難以達成，甚至並非溝通的最終目標，人類的價值觀和溝通也愈形「分眾化」和「破碎化」，這樣的社會情境，卻正符合網路新媒體興盛後人類未來發展的趨勢之一。

本書作者想要提醒的是，後現代主義提供了頗為貼切的當今社會和網路新媒體的情境（Condition），同時也點明了後現代情境的諸多核心價值與知識研究的問題，我們該繼續努力的是，更進一步深刻瞭解這樣的後現代和網路新媒體情境的趨勢與問題，並且體認「網路公民」（Netizen，較詳細之定義請見下一章）在新情境中，逐漸受到情境的浸潤（Immerse）以及與之互動（Interact），甚至尋求其民意相對於傳統大眾媒體的突破點（Breakthrough point），才能夠回應新時代的疑問和需

求。以下章節即提供這樣的思考脈絡下所產生的網路新媒體時代，民意研
究可能必須關注的新觀點和發展趨勢。

第 3 章 ▶▶▶

新媒體時代民意研究
新觀點與新趨勢

一、當今民意研究與新媒體之關聯

如前所述，近代對於民意的研究從未間斷，也發展出不同時期的典範，二十世紀末較被廣為接受的社會認知學派，對於當今民意的形成與變化有了較為務實與詳細的分析。然而，不可否認的是，諸多民意研究都顯示，當今民意的許多重大問題之一，便是民意的不穩定性，甚至民意研究本身，也是破碎的與不穩定的（Converse, 1962; Zaller, 1996），亦即民意研究有時也存在著互相矛盾與不穩定的結果。

美國加州大學洛杉磯分校教授約翰・札勒（John Zaller）為這種現象做了極佳的註解，也提出了嘗試解決的解答模式—「接收近用回應模式」（RAS Model）。札勒指出，民意研究之所以會有不穩定的結果，首先必須要探究幾個有關於人民如何形成腦中想法的基本問題，包含以下四點：

1. 公民對政治關注的習性差異很大，因此在媒體上有關政治資訊和其爭論的暴露情況也十分不同；
2. 一般人只能針對他們所瞭解的政治事物和論點，有能力產生批判性的回應；
3. 公民有時不會對每一個議題都抱持同樣固定的態度，

而是對每一個新的議題都會建構一組「意見的陳述」（Opinion Statement）；

4. 人們通常運用「腦中及時的想法」（Top of the head）來建構他們對於這些新議題的意見陳述。

本書作者認為，札勒對於當今民意形成過程的描述，正足以解釋網路新民意的加入與表達，相對於過去傳統大眾媒體和其他場域民意的呈現，對於目前已經高達99.7%每天使用網路的社會青壯年齡，和其年齡層以下的族群（Pew Research Center, 2008），有著「腦中及時想法」來建構新議題「意見陳述」的「新的來源」；而且重要的是，這個新的來源，相對於大眾媒體，有更多元的資訊，更不同的論述立場，更不受限的內容長度和空間，以及更快速的反應與發展，中東的茉莉花革命即是這樣新的民意，以完全不同於過去的要素與快速形成方式，造就歷史事件的例證。

為了要進一步闡述網路新民意可能是以何種路徑與方式影響社會大眾對於新的公眾議題的看法，我們有必要對於札勒的RAS模式有更深入的瞭解。

札勒主張，在廣大社會中的公民，通常依賴著一些很難被看見和不為人知的第三者，來獲取他們生存環境中大部分的訊息。這些第三者，相對於一般大眾，較為熟悉政治或公共事物，也就是俗稱的政治菁英（Political elites），這些政治菁英包括政治人物、高層政府的官員、新聞工作者，和許多不同類型的專家和政策專家等。許多透過媒體傳播給公眾的訊息，有時並非是最重要和事態發展完整的面貌，而是一種具高度選擇性和刻板印象的框架（frame），用以解釋所發生的事件，這些刻板印象和框架，導引一般人如何去思考一則消息，又在一個政治議題中，該採取何種立場，也就是說，政治菁英會形成所謂的「菁英論述」（elite discourse），並且以此論述嘗試影響民意的形成過程。

由此觀之，在這樣政治菁英與大眾媒體所組成的結構中，人民所接受

的，不再只是對於特定公眾議題單純的「資訊」（information）而已，其實大部分都是針對嘗試影響民意，並且經過高度選擇和框架化的「菁英論述」。

二十世紀民意研究的大師Lipmann對於人民如何形成對於複雜而距離遙遠事件的看法，有著極精闢的分析，並且認為在這樣的情況下，新聞刻板化（news stereotypes）對於民意有著極大的影響，這樣的新聞刻板化現在多稱為參考框架（frames of reference）（Zaller, 1996）。

面對這樣的新聞刻板化和參考框架最基本該質疑的問題是，公眾是否有機會做除了接受此框架以外其他的選擇？根據札勒（1996）的實證結果顯示，一般人民確實很少有機會擁有其他的選擇，例如美國人對於越戰民意的形成過程即可觀之。

早期一般美國大眾對於越戰的看法比較趨於一致，也就是「牽制共產主義以爭取民主自由」，在此時期美國人對於政府參與越戰的態度是堅定的，尤其是長期接觸支持政府立場大眾媒體的觀眾。

然而在越戰稍後的發展階段，隨著媒體記者開始呈現與政府立場不同的報導，例如主張越戰是越南國內的內戰，外國不應當涉入等看法，政治菁英的意見也開始分歧，此時美國民意經過一段時間的發展，也跟著開始兩極化。這就是「菁英論述」引導民意的例證之一。

但是進一步需要探究的是，一般的民眾又是如何關注和接納「菁英論述」？根據Down（1957）的看法，雖然大部分的民眾對於特定的政治議題是忽視的，但是忽視的程度（degree of ignorance）是有差別的。有小部分但是卻很重要的少數，對於特定的政治議題是非常關注的，雖然這些少數民眾不像政治菁英一樣有「圈內人」的熟悉程度，但是他們仍然能夠清楚辨認出政治領導人和民意代表的名字以及其特定作為。

相對於這些少數較熟悉的人，有許多民眾對於最新的政治資訊卻是不清楚的，以美國為例，老布希（George Bush）在1986年擔任副總統第二任任期時，仍然有24%的美國人無法辨認他的名字（Zaller, 1996）。這

些對於政治較不關心的民眾，自然對於政治議題無法形成清楚且穩定的意見，但是這些民眾卻仍然會面對民意調查，而必須表示對於特定議題的看法，這種情況下，菁英論述對於這些民眾的影響自然也較少。

不過，大部分的美國民眾是介於這兩種極端之間的。或許是基於公民的義務混合著政治有時具有消遣的價值，仍然有多數民眾對於某些公眾議題具有足夠的「政治關注」（political awareness）。

由此觀之，政治關注有兩個重點：1.人們對於政治的注意力，不分任何議題，存在著極大的差異；2.如果就整體的平均數而言，人們對於政治資訊的吸收仍然偏低。簡單地說，民眾的政治關注，有一個極低的平均數（mean），卻有著極高的變異數（variance）。

二、一般人如何形成與回答其態度與意見：一個RAS模式的角度

人們長期暴露在政治新聞和資訊的環境中，許多這樣的訊息常試著導引民意朝某些特定方向發展。但是因為大部分人對政治的關注度偏低，所以對於他們所吸收到有關特定議題的訊息，不見得可以保有判斷和批判的能力。結果，人們會從吸收到的訊息中，組合部分想法、論點、與思慮（consideration）來幫助形塑他們的意見。

當今盛行以民意調查的方式蒐集民意，所以當人們接受民意調查訪問時，他們會回想起在記憶中最快、最便於（most accessible）汲取的想法和意見，作為回答民調特定議題的答案。尤其是大部分的情境，人們都必須做出快速的選擇，因此他們能汲取的訊息，往往只是腦中立即能回想起（on top of head）的少數幾個想法而已。

因此，接收近用回應模式（RAS Model）基本的立論是，民調的反應是「最快可汲取的思慮」的一種功能，其中，菁英論述對於人們思慮和這是大腦中最顯著的，有著極關鍵的決定因素。由此觀之，長期以來民調的結果呈現不穩定的狀態，最有可能的情況是，不同的訊息和思想考慮，在不同的時間有著不同的顯著狀態，使得一般人在回答當下的民意調查時，

也有著其不同的意見形成的情境，進而影響其答案，這樣的結果自然較不具有穩定性。再加上過去民調實務研究中均有提出的「問題次序效應」（Order effect）和「用字遣詞的效應」（Wording effect）等，更加深了人們對於其民調反應系統性的變化（systematic change）（Zaller, 1996）。

1. 接收近用回應模式（**RAS Model**）與定義

接收近用回應模式中有許多定義必須釐清，首先是「思慮」（Consideration）。思慮的定義是「任何可能使個人決定其對特定政治議題意見的原由」（Any reason that might induce an individual to decide a political issue one way or the other）（Zaller, 1994, p.40）。由此可知，思想考慮是一種認知（cognition）跟情感（affect）的複合體，並且是關注一個客體（object）的一種信念（belief），和對於該信念的評價（evaluation）。

札勒並且定義政治訊息為兩種類型：一種是「說服訊息」（persuasive message），另一種為「暗示訊息」（cueing message）。

「說服訊息」是指提供特定立場和觀點的具體理由的訊息和影像；如果這樣的訊息為個人所接受，就會成為其思慮。

相對而言，「暗示訊息」隱含著菁英論述，並且具有關於意識型態和政黨立場的「情境式資訊」（contextual information）。暗示訊息其實在民意形成的過程中，具有重要的影響力。如同Converse（1964）所述，暗示訊息使得民眾接收「說服訊息」時，可以建立起與其個人「政治先前態度」（political predisposition）之間的關係，並且可以使他們面對說服訊息時，有不同或是批判的回應。

2. **RAS**模式的核心：四個定律

札勒（1996）經過了長期的實證資料蒐集和研究之後，導引出了較為貼近當代政治菁英與大眾媒體共生結構下，民意形成的RAS理論模式。

究其精髓而言，此模式包含關於人們如何回應其所面對的政治訊息的

四個重要定律，分別為：A1接收定律（Reception Axiom）、A2抵擋定律（Resistance Axiom）、A3近用定律（Accessibility Axiom）、以及A4回應定律（Response Axiom）（Zaller, 1996）。

（1）A1接收定律

所謂「A1接收定律」（Reception Axiom）指的是，「一個人對議題的認知涉入（cognitive engagement）程度愈高，愈有可能會接觸和理解（即：接收）有關該議題的政治訊息」（Zaller, 1996, p.42）。這裡所謂的政治訊息，包含前述所謂「說服訊息」和「暗示訊息」的各種類型。

接收定律以認知涉入度的觀點加以闡述個人如何接收政治訊息，而並不是以情感強度（strength of feelings）分析之，也就是說，RAS模式強調接觸政治傳播的認知觀點。

從認知的角度分析，有以下兩個原因，第一：模式主要關切的是，個人如何從環境中取得資訊和轉化為意見，這實際上是一種認知的過程；而對於特定議題情感的涉入是有可能影響他們的認知，但是只有在影響到其智力（intellectual）思考時發揮的效果最大，而其智力思考正與認知深入程度有關，因此模式對於接受定律的操作性定義為認知涉入度。第二個原因是，根據實證經驗，民意調查對於政治認知涉入度的測量掌握度，往往比情感涉入度用來解釋民意形成的結果更為準確（Zaller, 1996）。

但是進一步探究，我們會發現，使用「認知涉入度」並非沒有方法學上的問題，因為就定義的精準度而言，A1接收定律以認知深入度作為操作性定義，仍然不夠精確，並且亦有實際測量上的困難。

札勒本人再提出一般實務上較容易測量的「政治知覺」（political awareness）（札勒並認為「政治知覺」和「政治注意度」（political attentiveness）在意義上是相似的），作為模式中「認知涉入度」進一步連結的變數。因此，RAS模式中所謂的政治知覺，其具體的操作定義就是測量一般的政治知識（political knowledge），也就是個人對於政治相關的具

體事實、事件、人物等知識的回答總分（Zaller, 1996）。

　　有關於A1接收定律一定要注意的是，RAS這個模式在A1定律中關注的重點是人們如何接收和理解政治訊息，對於政治訊息的「來源」（sources），並不是這個定律所要討論的。易言之，個人對於政治傳播（political communication）和訊息的來源是極多元的，有可能包含來自於大眾媒體、菁英論述、前述兩者的結合、或純粹在參考團體，包括家人和朋友，或者其他各種來源。

　　因此，RAS模式的A1接收定律所分析的是，不論個人其政治訊息來源為何，對於這樣訊息的接收和處理，都會與其認知涉入度具有正相關的影響（Zaller, 1996）。

（2）A2抵擋定律（Resistance Axiom）

　　抵擋定律指的是，「人們通常傾向抵擋與他們原先政治傾向不一致的論點，但是他們只在具備必要的情境資訊（contextual information）可以知道該訊息和其政治傾向間的關係時，才有能力作到。」（Zaller, 1996, p.44）

　　抵擋定律的重點是，政治訊息與「論點」（argument）及政治傾向（predisposition）兩者是相關的，因為，如前所述，政治論述和大眾媒體的「暗示訊息」（cueing message）中，隱含著個人原先政治立場和傾向，與訊息中的論點，如何建立關係的必要資訊。

　　因此，我們可以瞭解，根據抵擋定律，個人獲得並且理解暗示訊息的機會，有賴於他們對每個議題的知覺程度，反過來說，如果某人對於特定議題知覺程度不高，自然較難接觸，也無法理解暗示訊息的內容，結果便是無法建立其與自身政治立場間的關係。

　　另一方面，就「說服訊息」（persuasive message）（如前所述，相對於「暗示訊息」的另一種訊息）而言，A1接收定律與A2抵擋定律兩者結合意味著，當「說服訊息」和個人的立場互相矛盾時，個人的政治知覺程

度愈高，能抵抗遊說訊息的可能性也較高，也可以說，忽略政治的人（或者政治知覺度較低的人）常無視於說服訊息所要表達的意義，並且可能不經意就「錯誤地」接受遊說訊息（Zaller, 1996）。

札勒這樣的論述，其實和民意研究大師Converse（1964）的觀點相呼應。Converse認為，一般民眾很少人瞭解眾多政治訊息是如何彼此連結產生必要的意義。部分人或許偶然對於政治觀念具有較高度的自覺和批判性，但是，他們仍然必須依賴菁英分子和大眾媒體所提供的情境資訊，才可以使不同的政治論述連結並且得以理解，但是與此同時，個人對於特定的政治議題的理解，就在這個過程中受到了「制約」（constrain）。

（3）A3近用定律（**Accessibility Axiom**）

人們腦中最接近的思慮，也就是該思慮被想起的時間愈短，在記憶中愈容易被搜尋到，它就愈容易被使用。近用定律是認知心理上經過許多研究證實的經驗規律，當此思慮經常被使用、看到、聽聞、或直接引用時，這些思慮相較於最近沒有想起的，更可能有效的被人們腦中重複使用和抽取。

（4）A4回應定律（**Response Axiom**）

由以上近用定律可知，個人在回答民意調查問題時，一般憑藉著那些立即顯現出來，或是他們的可近用的思慮。「回應定律」則意味著人們要回答研究問題時，不會一一檢視心中所有有關聯該議題的思慮，他們回答問題時，往往基於最近用（腦中記憶最上方，On Top of Head）的思慮。如果議題是具有爭議並且不同立場相持不下時，人們在民主的社會中，可能會接觸不同程度的正反立場的意見，於是在被民意調查問到要回應該爭議議題時，其腦中不同立場的思慮，也許會依據「近用定律」浮現出來，並且會在這些不同立場的思慮中進行「抽樣」（sampling），藉以回答問題；而他會採用哪些考量，則取決於獲取資訊時間的遠近，和資訊的立即

顯著（salience）程度。依據Zaller的分析，人們「抽樣式地從最顯著的腦中思慮來回答問題」的現象，可以用以下的公式來示意：

以某議題採取「自由」與「保守」立場爲例，如果一個人本身立場傾向「自由」立場，則其選擇回應的思慮抽樣示意公式如下：

$$\text{Prob*}（傾向自由立場的回憶）= \frac{自由的思慮}{自由的思慮 + 保守的思慮}$$

Prob*爲機率（Probility）（Zaller, 1996）

回應定律重要的特點之一是，該定律可以解釋不同的人，用不同的思慮來回答問題。這樣的回應模式，許多心理學家也透過實驗研究得到證實，例如：Tourangeau and Rasinski（1988）等。

三、新媒體與新民意研究的新模式：運用RAS模式分析新民意的形塑

以上所介紹與討論的RAS模式，不但標示著民意研究近代發展的新典範之一，對於網路新媒體，相對於傳統大眾媒體，快速且多元化的發展，人民於網路新媒體上所表達的意見，是否會影響新的民意形塑，提供了發人深省的新方向。

首先，如A1接收定律所述，RAS模式主要關心的是政治訊息如何爲一般民眾所接收與處理，訊息的來源本來就多元，也就是說，部分民眾若長期且固定使用網路新媒體，並從此來源所獲得的政治訊息，一樣可以A1接收定律分析之。另一方面，網路新媒體在某種程度上，提供了有別於傳統大眾媒體的「中心化」的訊息，並且有比較大的機會，得以避免菁英論述與大眾媒體共生結構的直接影響，因此，透過RAS模式接收定律的預測，網路新媒體確實可爲固定使用網路的民眾提供公共政策和政治訊息的另類來源，不同於菁英論述與大眾媒體共生結構的民意形塑，在來源（sources）上便有了新的契機。

RAS模式A2抵擋定律所探討的是人們先前的政治傾向如何與所接收的政治訊息互相影響，在網路新媒體盛行的二十一世紀，至少有以下各種因素使得新媒體有可能影響了新的民意發展：

1. A2抵擋定律證明，一般人只有在具備必要的情境資訊（contextual information），並且可以連結該訊息和其政治傾向間的關係時，才有能力作到對於相關訊息採取深思熟慮甚至批判性的觀點，RAS模式的實證研究也指明，大部分的情況是，民眾在菁英論述和大眾媒體的結構中，較難以獲得充分而且客觀的情境資訊，許多資訊都有受到具有影響意圖的媒體框架和菁英論述主導的制約。但是網路新媒體往往提供較傳統大眾媒體更為多元而且廣泛，更重要的是，可能較為平衡與中立的訊息，因此，民眾對於其所關注的特定公共議題，在網路新媒體中有可能獲得較多元而且充分的情境資訊，所以相對於傳統大眾媒體的環境，有較高的機會可以對該議題形成較為獨立且批判性的觀點與態度。

2. 網路新媒體並不見得對於民眾在A2抵擋定律所闡述的過程中，一直都扮演正面的功能，例如：認知心理學與傳播相關研究所提出的「選擇性的暴露」（selective exposure），亦即人們對於特定的議題或人事物，為了維持「認知的和諧」，也就是對於其喜歡的議題，往往會主動篩選支持該議題的訊息，而不願面對反對的意見。如前所述，網路的發展正呼應了後現代主義的預言，訊息愈來愈分眾化與破碎化，人們有可能在其中只選擇符合自己興趣與喜愛的訊息，更加深了選擇性暴露的結果。

3. 另一方面，網路新媒體提供的眾多訊息，尤其是跨越國界（不受限於單一國家和地區媒體）與時空（過去與現在的訊息共存，即「異步性」傳播）等特性，使得新媒體的訊息遠遠超過傳統大眾媒體所能提供的廣度，某些議題，甚至包括深度。在這種情況下，民眾所關注的特定公共議題，網路新媒體確實有可能供應了

更為及時、多元、跨國界、甚至因為眾多不同觀點的共存（co-existence），而導致類似過往民主的理想「意見自由市場」（free marketplace of opinion）的存在，至少相對於傳統大眾媒體所能提供的言論範疇而言。在網路新媒體這樣新的言論與觀點發展的環境中，相對於傳統大眾媒體，人們確實可以獲得更為多元而且平衡的相關訊息，這樣的結果透過A2抵擋定律而言，就有可能提供民眾更多「抵擋」（resist）菁英論述和大眾媒體共生結構所產生的主導力量，進而對於民意形塑新的發展可能。

4. 不論是以上所討論的「選擇性暴露」或者是更為多元的「意見自由市場」的結果，網路新媒體不論是正面或者是負面，相較於過去的民意形成過程，都提供了許多截然不同的新面貌，也就是說，現在與未來民意的形塑，和過往菁英論述與大眾媒體主導的時代，都絕不能忽視網路新媒體對於使用民眾意見與態度形成的影響。

進一步討論，RAS模式中A3「近用定律」指出，人們腦中「最近」（most accessible）形成的想法和思慮，也就是該思慮被想起的時間愈短，在記憶中愈容易被搜尋到，就愈容易被使用，或許這也能解釋，許多政治傳播為何不斷的在新議題發展過程中，以大眾媒體作為主戰場，每天持續的提供特定的框架和意義解釋，以作為民眾態度形成過程中，甚至民意調查回答中，可以「最近」使用的論點。

但是，在網路新媒體興起的環境中，如果以「議題設定理論」（Agenda-setting Theory）的角度觀之，特定公共議題似乎愈來愈難以由大眾媒體「設定」，在網路相關議題的訊息與論點愈來愈多元化的趨勢下，與其說由傳統「中心化」（centralized）大眾媒體「設定」一般民眾的公眾議題，或許更為貼切地說，應該已轉化為新舊媒體「議題競爭」（Agenda Competing）的態勢；關於此論述，詳細的實證研究請詳見本書

第五章後續的討論。

以下數個因素的發展，有可能使得網路新媒體與傳統大眾媒體在「議題競爭」的過程中，影響了民眾對於特定議題A3「近用定律」所預測的結果：

1. 由於傳統大眾媒體「中心化」的訊息傳送與議題設定功能，受到了網路新媒體「去中心化」（decentralized）的挑戰，提供了更為多元與立場的訊息，並且形成「議題競爭」的趨勢，因此民眾對於特定的新議題，便有了和過去傳統大眾媒體主導的「議題設定」不同的影響和選擇。

2. 這樣的「議題競爭」的態勢，說明了網路新媒體和傳統大眾媒體之間互相競爭（有時卻是合作）的現象。傳統大眾媒體透過自身的電子報和與入口網站結合的傳播方式，提供了所謂議題設定的「擴張效果」（expanding effect）；另一方面，網路新媒體有時發掘傳統大眾媒體尚未注意到的議題與面向，或是提供與傳統大眾媒體不同的觀點，但是卻廣為流傳，並且使得傳統大眾媒體加以報導，此時便是由網路新媒體反過來影響傳統大眾媒體的議題設定「溢散效果」（spill-over effect），相關的實證研究請詳見第五章。此時，因為議題設定的「擴張效果」和「溢散效果」，以及可能有的新舊媒體「議題競爭」的態勢，民眾對於特定議題「近用」的想法和觀點，便有了不同的選擇。

3. 在這樣的新舊媒體「議題競爭」的過程中，至少就現今的網路發展而言，我們當然不能天真地認為，網路新媒體和傳統大眾媒體對於特定議題在「聲量大小」（volume）與「專業程度」（profession）上擁有相同的水平。相較於網路新媒體在美國的發展已經較為成熟，臺灣的現況，被稱為「主流媒體」（mainstream media）的，應該仍然是以電視和報紙為主的大眾媒體。而之所以成為「主流媒體」，亦即代表其對於社會影響力較為強大與廣泛，

也就是其傳播的「聲量」較大；加之建制的主流傳播媒體擁有完整的編採團隊和相關資源，其「專業程度」自然較目前的網路新媒體來的高，這個議題也連結到了「公民新聞」透過網路新媒體得以蓬勃發展，並且得以呈現更為多元而且草根的聲音，但是在其「聲量」和「專業」等觀察點上，一般而言，仍然和傳統大眾媒體有一段差距。

4. 新舊媒體「議題競爭」的態勢，亦有議題「主導方向」的問題，所謂的主導方向指的是「某一個特定議題由何方發動並形成議題」。就目前臺灣一般的情況而言，聲量較大且專業程度較高的主流傳統媒體，包含電視和報紙等，仍然掌握大部分議題主導方向權，甚至可以透過以上所提及的「議題擴張效果」，達到傳統媒體議題主導和擴張的更大效果，因此，傳統媒體的議題主導力大過於新媒體。但是，仍然有少部分的情況，某些議題是由網路新媒體主動發動，經過網路使用者熱烈討論和散布，並且引起傳統大眾媒體的注意和引述，進而形成廣為周知的公眾議題，此時新媒體的議題主導力就大過於傳統媒體。進一步而言，某些議題甚至會形成新舊媒體「議題共振」（Agenda Resonance，本書作者暫稱之），亦即議題發動後，不論其「議題主導方向」為何，某一媒體的報導會引起另一媒體更進一步的回應與討論，例如傳統媒體的報導，往往又引起新媒體網友更熱烈的討論，也就是新舊媒體在議題形成的過程中，相互影響與互動，形成議題共振的過程與結果。

從以上的討論和RAS模式的A3近用定律的分析可知，民眾面對新舊媒體議題設定和競爭的態勢中，其腦中對於特定議題的相關報導和訊息，可以「最近」和「立即」抽取的資訊和論點，都有可能因為網路新媒體的加入而有源頭上和過程中的重要改變，也就是說，民意形成的過程，在網

路新媒體與傳統媒體互動的環境中，已經是不可忽視新媒體對於民眾訊息的近用和民意形塑的重要影響。

最後，RAS模式的最後一個定律，A4「回應定律」解釋，如果某公共議題具有爭議，且產生不同立場而相持不下時，人們在民主的社會中，可能會接觸不同程度的正反立場的意見；於是人們在面對民意調查時，被問到要回應該爭議議題時，其腦中不同立場的思慮，也許會依據「近用定律」浮現出來，並且回答腦中最接近而顯著的論點，並且會在這些不同立場的論點中進行「抽樣」（sampling），藉以回答問題；而該回應者會採用哪些考量，則取決於其獲取相關資訊時間的遠近，和資訊的立即顯著（salience）程度，不同立場的論點，並且有以上所提供的概念性的方程式呈現之。

由此觀之，在網路新媒體環繞的時代，相對於過去大眾媒體的傳播環境，對於A4回應定律，至少可能產生以下的影響：

1. 由於某個公共議題相關的資訊將變得更為多元，而且更為「去中心化」，人們不但接受了菁英與大眾媒體的傳播訊息，同時，也接收了來自於網路論壇或是同儕意見（Peer Opinions），例如批踢踢PTT等，或是更有甚者，會主動搜尋該公共議題更深入，和不同於大眾媒體立場的訊息，世界跨國性的相關資訊也會涵蓋在可能的搜尋當中。綜而觀之，網路新媒體時代，RAS模式的回應定律，其不同立場在A4方程式中「分子」與「分母」均將有所改變與擴充，其結果必然改變方針最後的答案，亦即人們對於該公共議題的立場與態度之結論。

2. 「主動搜尋」成為人們不受傳統大眾媒體宰制的重要功能之一，雖然如同前述，傳統大眾媒體透過「議題擴張效果」，仍然提供了網路環境中許多議題設定與相關資訊，但是網路空間之大，意見之多元，亦非所有大眾媒體所能侷限，更遑論全球跨國性之資訊流通，人們主動搜尋的結果，甚至可能拿來與特定大眾媒體的

資訊進行對比。因此，主動搜尋與其結果，就成為當今人民有別於傳統大眾媒體傳播，形成自身對於特定公共議題回應態度與立場的不同資訊獲得策略之一。

3. 網路論壇主動發言與討論，亦有可能提升人們對於自身態度與意見的加強效果，甚至經過一段時間，有可能產生了「自我功效意識」（Self Efficacy）的提升，簡單地說，也就是認知自己可以參與或者改變公共議題的能力有所提升。雖然過去亦存在面對面同儕意見討論的空間，但是相對於傳統大眾媒體傳播為主的時代，人們在網路新媒體的環境中，同儕討論的參與人數，廣度與便利性等，均較過去有明顯的不同。自身意見可能透過這樣的自我功效意識的提升，態度變得更有信心，參與行為亦有可能較為主動，加上前述的主動搜尋與同儕意見的交互影響，RAS模式的回應定律，均有可能受到相當程度的改變。

整體來說，RAS模式的A4回應定律，網路新媒體確實有可能深刻影響了人們新的民意形塑過程，除了傳統大眾媒體一定的影響力之外，就民意形成的來源、形成的方式、自身意見信心的提升、同儕意見的交互影響等等，都有可能對於特定公共議題的回應產生了改變，甚至逐漸形成「新型態民意」（New form of public opinion）的產生。

四、網路政治與民主研究的趨勢

當然，除了本書作者主張Zaller的研究和網路新媒體具有高度相關性和以上具體的討論以外，網路政治與民主的相關研究在90年代以後，也呈現了快速而且多元的發展。依據Axford（p.4）的分類，網路政治與民主研究的三個趨勢：分別為「科技進步論」、「復古懷舊派」、「基進派」等。

網路政治學者Axford（2001）認為，新傳播媒體和政治關係的研究

第三章 新媒體時代民意研究新觀點與新趨勢

大致上可分為三個不同的範疇。首先，「科技進步派」（Techno-Progressive）主張新傳播科技，尤其是數位傳播科技，對於政治空間和認同都具有徹底重塑的潛力（Luck, 1998; Shapiro, 1995; Slevin, 2000）。透過新傳播科技的幫助，在網路虛擬空間當中，使用者得以超越傳統的樊籬，例如階級、種族、社會經濟地位等，重塑對於自我的認同，進而對於新的網路政治產生較高的參與感。此派學者對於傳播科技的形式和潛能較為關注。

第二種網路政治研究的範疇，Axford（2001）稱之為「懷舊派」（Retro-Nostalgia）。這種研究取向，十分注重在傳統政治學中所強調的民主的品質和內涵，認為新傳播科技對於政治和民主的發展，未必真是一件可喜之事，反而有可能成為民主的病態（democratic illness）。為了避免這種問題，網路政治討論的深思熟慮（Deliberation）是有必要的，具有政治判斷能力的政治經營的參與也是不可避免的；在網路的虛擬空間當中，一個由網路公民（Netizens）所參與的「公共空間」（Public Sphere），是否對於民主的提升具有絕對的功效，是這樣的研究者所關心的問題。

第三種研究範疇，則是主張完全不受控制（uncontrolled）和民粹主義（populist）式的網路政治模式。因為這些學者認為立法者、守門人、和其他政治菁英所掌握和過濾的政治過程，造成了Arthur Koestler所說的「古老的恐懼」（"Ahor" or "the Ancient Horror"），因此所有可能在人民進行直接政策討論中可能出現的各種干預，都應該予以消除（Fisk, 1995）。例如：主張訴諸民粹主義的數位民主（Digital Democracy）或稱網路民主（Internet Democracy）的部分學派，認為新傳播科技促使選民可以透過網路直接參與政治活動、政策辯論，以及投票，目前所廣為實行的代議政治則可以被取代之。當然，其他數位民主研究的學者，對於這樣的理想抱持著高度懷疑的態度。另外，這種取向的研究就國際分析的角度而言，大部分是以批判的角度，看待網路和新傳播媒體的發展。這些學者認為，網路和新傳播媒體不過是資本主義商業化和「科技文化帝國主義」

的再擴張（Axford, 2001）。透過科技的先進、資訊基礎建設（Informa-tion infrastructure）的完善，和人才訓練的配合，資訊先進國將再一次的以資訊的力量主宰文化和科技霸權。

1. 哈伯瑪斯（Habermas）的「公共領域」（Public Sphere）於網路的再現？

　　網路政治與民主學者Michael Hauben曾提出「網路公民」（Netizen）一詞，認為網路世界是由一群網路上的公民所組成，將Net和Citizen結合成Netizen一詞，並且對網路公民的定義作較明確的界定；Hauben認為，要成為一個「網路公民」的標準，須於網路社群上具備參與意識，且對網路的公共發展有具體貢獻的使用者，其中不包括在網路空間中保持沉默、不參與討論，或僅將網際網路視為一種線上服務提供之工具的使用者觀點，簡而言之，即是必須積極透過網路行使其「公民權」（Citizenship）的網路使用者（DeLoach, 1996）。

　　哈伯瑪斯（1989）的「系統模式」（System Model）研究中所指出的，由經濟領域和管理所組成的「系統世界」（The System），和由私人領域、公共領域所組成的「生命世界」（Life World）之間，或許提供對網路成為社群系統有幫助的元素和組織原則。而政治系統是由金錢和交易所引領的管理力量、規則和經濟系統所驅使，以及生命世界和它自身所組成公共領域是立基於傳播與溝通的。「生命世界」和「公民社會」（Civil Society）的概念是彼此相關的，但又不完全重疊，因為前者也包括多數人所共同理解的私人領域。哈伯瑪斯指出，公民社會就如同社會組織的領域，並且分享了政治的成果。應用哈伯瑪斯的概念，將使一些網路上複雜、矛盾的功能，以及不同的特性能夠被有系統的分析。

　　另一方面，學者Beck（1999）定義當代為「第二現代性」（The Sec-ond Modernity），它和「第一現代性」明顯是不同的；以他的觀點，我們面臨結構和新紀元的突破，一種典範的改變。文化商品的流動、許多電

信的交易，以及世界主義過程的經驗指標中的持續性遷移，它們以其他偽裝，出現在生態危機方面。「世界性」（Cosmopolitan）這個名詞主要關注人們文化的、政治的和傳記的自我主張方式是可以改變的，當他們不再將他們自己限制在單一民族的獨立國家中，並且被這樣的認同所制約，而是著眼於全世界的範圍。第二現代性不只是轉變單一民族國家間的關係，而是挑戰被認定爲標準的政治概念和相同的社會。主要的問題是，我們如何可以想像、定義和分析後國家的、跨國的和政治的傳播？什麼樣政治的、國家的類型、理論和民主是相關聯的？還是有其他的因素？誰是推動的動力和什麼是政治的制度？世界性的過程是以兩者爲前題，首先在微觀層面——在生命世界、生活的方式，以及成長中的多元文化主義的體認；以及宏觀層面指出，藉由世界市場和國際的、跨國的網路作爲獨立的創造；這些都將取代單一民族獨立國家的政治權力。Beck建議在這樣的狀況，國家、公司和公民社會之間的關係應該被重新定義。如果我們無法理解公民社會，就如同將自己限制在單一民族獨立國家中，我們可能對復興的政治和民主，發現它更多的能力，像是考慮強調在公民社會的分析以及經驗中，文化的實務和理論的重要性。

　　學者Appadurai（1990）對於景觀（Scapes）概念的分析，也凸顯全球媒體、科技、和意識型態產生流動與改變的趨勢。他透過文化潮流的五個面向來研究當今全球經濟的複雜性，並指出全球包括五種景觀：（1）「民族景觀」（Ethnoscapes），人們全球性的流動明顯呈現在居住、觀光和遷徙的現象中；（2）「科技景觀」（Techoscapes），全球科技的不對稱分配；（3）「金融景觀」（Finanscapes），全球商品投機的操作；（4）「媒體景觀」（Mediascapes），符號文化的傳輸；（5）「意識型態景觀」（Ideoscapes），意指霸權和反霸權意識型態的跨國移動。

　　有關於公民社會在現代發展中的討論，Alexander and Jacob（1998）從論述結構（Narrative Construction）的觀點分析文化環境、公民社會的論述，並且指出這樣的論述結構是由兩個層面所組成的。依據深層的結

構，共同的符號系統透過公眾的行動者演說，以及公眾讀者的解說進行傳播。相對於深層符號結構，則是一個「暫存的結構」，這是一組共同的描述性架構，透過公眾行動者描繪出他們的動作，以及其他人在真實歷史的時間，這兩個文化結構是不但限制，但同一時間也促進公民社會中的公眾行動。

Axford（2001）則指出，「公民社會」（Civil Society）和「公共領域」（Public Sphere）的概念本來就是相互關聯的，前者代表結構（structure），後者代表透過這個結構所分享的意義（meaning）。從公民社會的觀點，公共領域包含大眾媒體，但是公共領域比大眾媒體更大，它涵蓋替代性和特定媒體的領域，以及公民對談的多重性。但是今日公民的公共領域變得破碎，或者說是更多元化，當代公民社會相較於自由社團以及其他民間組織，是由更多不同的公共領域所組成，而電腦中介傳播的空間，特別是網路，變得更廣、更強。

哈伯瑪斯在晚期的研究（1996）中，試圖定義公共領域的動態和所存在的複雜特性，他根據傳播的密度、組織的複雜性和範圍來區分它的層級，從在小酒館、咖啡廳、或在街頭上的公眾，經由偶然或事先安排特定功能的公眾和事件，能夠將散布在廣大地理區域中的單一讀者與聽眾集結在一起，並且提升至抽象的公共領域，似乎唯有透過媒體。

雖然在網路的時代中，主要文化改變的概念仍然有許多爭議，但是Beck（1997）和Melucci（1996）提出了一些看法。在Melucci的觀點，透過網路的「新社會運動」在意義上更像「類媒體」（media-like），它們在政治領域上並不直接力求改變，而是試圖探究意義再現的問題，並且伴隨著語言和文化的編碼，用來定義政治上的議題。在這樣的背景下，「網路」似乎具有更強大政治的轉變潛力。相關的研究並指出，政治發展潛在新形式的例子，是所謂的「巴爾幹的未來國度」（Future State of Balkania），這個網路上虛擬的構想，出現於1999年春天，在布達佩斯所舉辦的文化實踐會議，當時有參與者討論到國家間的裂痕、敵對，以及如

何在巴爾幹地區的國家，建立一個替代性的選項。並且討論到柯索夫戰爭之後可能的影響，他們發現巴爾幹的未來國度，應該可以在網路上建立。這個國家並沒有領土，而是人們心底的國度，以及未來的理想，這是一個在網路時代中，政治發展與認同對於虛擬和真實世界嘗試性結合的例子之一。

國內對於公共領域在網路上是否重現的相關研究亦不在少數，如傳播學者孫秀蕙（1997）指出，相較於傳統間接參與管道，網路發展所形成的新的公共領域與公共對談的空間，使得人民有更多直接參與政策討論的機會，運用科技發展方便參與討論與溝通，促成公共辯論與直接民主的可能（Macpherson,1997）。也因網路無國界的資料流通與交流，進而提供一個可以充分討論的公共空間，讓民眾得以透過網路蒐集與瞭解各項議題相關資訊，進而可能促進參與，使得直接民主的典範再次成為可能。

洪貞玲與劉昌德（2003）分析全球線上公共領域的潛能與限制，認為因低成本與跨國傳播的特性，網路應具有發展為「全球公共領域」的潛能，並且指出，以議題為導向的非政府組織及國際機構，為當前網路跨國論壇的主要參與者，也使得網路朝向以議題為切割的「多元」全球公共領域的方向發展。至於未來的全球公共領域，應由地方、國家乃至跨國不同層次的個人及團體互動，以議題為導向的多元討論空間；但目前網路的數位落差、破碎化、商業化、以及英語霸權等不平等的問題仍然存在，因此，目前網路上的跨國論壇，僅是創造新的全球「廣場」，距離實現公共領域的理想，仍有一段差距。

蔡青燕（1999）則認為，網際網路不只改變了閱聽人的使用習慣，也改變了人民對政治的態度。在過去的傳媒時代裡，民眾多是苦於無管道來抒發自己的意見，而網路恰好給予他們一個發表和參與政治的空間，並給予實現哈伯瑪斯（Jurgen Habermas）公共領域（public sphere）概念的機會。公共領域指的是：「市民可以自由的表達自己的意見，並與他人進行有效的溝通，以形成民意，造就具有共識的社會生活場域」（Haber-

新媒體與民意：理論與實證

mas,1970）。其中最重要的是包含了理性、公平、公開的對話空間，已進行理性的思維辯論。網站討論區的建置是最常被引用來連結哈伯瑪斯公共領域概念的功能，以「公共領域」觀點來看，討論區確實有理想中公共領域的概念存在。不過，也因為網際網路的迅速發展，以及傳播過程中所牽涉到的種種的複雜性議題，討論區的公共領域概念尚未有一確切的定論，還有待進一步的研究和討論。

2. 「審議」（**Deliberation**）應是網路民意研究的核心議題之一

Barber（1998）分析了網路科技與民主之間的關係時指出，網路傳播有兩種不同的形式：一種是「薄（Thin）傳播」，另一種是「厚（Thick）傳播」，前者是指非直接的、無法辨別真偽、道聽塗說、較為淺薄的網路傳播方式；後者則是經過論辯與深思熟慮的網路傳播行為。現今網路上許多問題，不在於人民缺乏表達意見的機會與管道，反而在於表達的態度和內容是否是「厚傳播」，因為這樣的傳播與溝通方式，應該才是網路新媒體對於民主發展具有實質的意義。

Page（1996）也認為「審議」對於民主良性的發展是非常重要的，民主可以運作的很好，但如果提供給公眾的訊息是不正確的、不完整的、誤導的，或全部都是謊言，如此一來，或許甚至連理性的公眾都可能被愚弄。人民可能被政客自私的政策誤導，這將傷害人民自己，或者政策違反人民真正的價值。在這樣缺乏審議的情況下，民主將無法回應人民的需求，並且朝良性的方向發展。提供公眾良好的訊息和高品質政治的審議的重要性，換句話說，就是理性論辯和討論公眾政策的優點。John Dewey（1927）明白地指出，民主需要一個有效率的和組織性的資訊系統，以及藉由被出版、分享和社會近用的知識來傳播，它才能成為公眾所共同擁有的，唯有組織性的、表達能力的公眾誕生，民主才能展現它的本質。

基於網路互動性的特色，鄭德之（2000）認為，網際網路不但可以充分滿足民眾知的權利，更能提供民眾表達意見的管道，民眾若可以深入

思考，達到集思廣益的效果，並可能彌補決策者的缺失，進而加強實踐公共服務，實現公民參與公共事務，以及直接民主的機會，拉近民眾與政府之間的距離。

但Gubash（1997）指出，民眾的理性以及思辨的能力是有限制的，這將使得網路民主無法如預期中理想的展現出網路上理性的溝通模式，而網路民主的理性溝通最關鍵點則是在於公眾自我負責的態度上。Baber, Benjamin R.（1997）更明白指出，提升民主的品質與服務，並不能依賴或指望於科技發展的表相品質，主要仍是繫於政治制度的良善與公民社會的成熟心智。

因此，Baber（1997）分析，在網路民主下的民主參與，如要達到政治議題能夠經過公共溝通的高度參與及認同，在網路民主下所產生的深思熟慮，或者能夠發揮效能，但前提仍是政治制度的確立與解決。

前面提到了民意理論不同時期的發展，以及目前仍居主流典範的社會認知學派，和後現代主義的挑戰，尤其是後現代主義與民意的關係中，網路新媒體的發展頗為符合後現代主義諸多概念與特徵。在如此的網路新媒體與民意研究趨勢中，本書認為Zaller的RAS模式雖然並不是兩者完美地結合，但卻是在實證研究中，比較可以作為一個實例，源自於社會認知學派的基本理論，但卻可以連結大眾社會中民意的混沌狀況，更重要的是，在網路時代中的民意形成與發展，RAS模式或可提供較有系統的實證分析。

五、新媒體與民意「研究議題」（Research Topics）與「效益評估」（Efficacy Evaluation）之建議

綜合以上的分析與討論，本書作者認為，新媒體與民意和政治的研究包含的重要研究主題相當廣泛，但至少可能（當然不受此限）包含如以下各項「研究議題」，以供未來研究之建議：

1. 網路重現「公共領域」的分析

如上述所探討，哈伯瑪斯對於十七、十八世紀早期民主發展中，布爾喬亞階級透過經濟權的初步穩固，政治資訊透過當時大眾媒體報紙得以普遍流通，在英國各地私領域的空間，所形成的公共領域的場域，在網路興起的今天是否得以重新再現，其可能的潛力與功能、目前存在的機會與限制等議題，應該會持續成為新媒體與民意研究的重要議題之一。

2. 公共議題「審議」的論辯

如前所述，網路做為新的民意發表和討論的管道或許具有潛力，但若是網路言論始終無法產生相較於過去傳統媒體和討論空間，更為廣泛與深入的過程和結果，這樣的網路民意亦可能反而產生「民粹」（Populism）的疑慮，因此，網路與民意的研究，同樣應該重視如何達到議題討論的理性與良性發展，並且得以促進參與者，對於公共議題更加以深思熟慮，也似乎是不可或缺的議題。

3. 「虛實合一」的社交媒體的潛力

由早期電腦中介傳播（CMC, Computer Mediated Communication）進入較新發展的「虛實合一」社交媒體對於人民意見表達與交換的研究，近來愈來愈受到重視。CMC為最早期網路傳播研究主題之一，但現今具有虛實合一社交媒體的出現，已經改變了早期在純然虛擬環境中電腦中介傳播研究的基本環境，虛實合一以及「實名制」（相對於「匿名制」）的社交媒體，相對於早期的電腦中介傳播，是否可以引導公共議題論壇走向更為負責任與理性的討論方向，應該是具有研究價值的議題之一。

4. 「網路民主」的再深思

早期網路興盛時期，即已提出新科技可以促進民主的樂觀期待與討

論，甚至認為「網路民主」指日可待；但是早期的網路民主討論大部分傾向支持「網路直接民主」，其樂觀的期待反而容易忽略了應該透過「公共領域」和「深思熟慮的論辯」方可達到的民主品質，否則沒有品質的民主，即由可能由民主「質變」為「民粹」。因此，未來有關網路民主的討論，應該朝更為深入且注重實質的方向進行。

5. 網路於「政治過程」中的關鍵功能

網路時代中，政府政策的宣導以及討論過程、人民力量集結方式（例如：阿拉伯之春）、極權政府掌控權力的方式（例如：防火長城）、選舉網路化、公民權及其定義（例如：網路公民Netizen概念的出現），都和過去有極大的不同。政治參與的模式，在網路時代中，也使民主的形式由告知式（informing）走向參與式（involving），Hagen（1997）曾提出人民參與政治的形式分類，分別包括：競爭式民主（competitive democracy）、參與式民主（participatory democracy），與對話式民主（discourse or dialogue democracy）。因此，政治過程在網路時代中必將有所轉變，至於在不同的網路與社會的發展中，究竟會轉變為何種形式的民主，應該也是值得探究的議題之一。

6. 傳播與民意相關理論的重新審視

部分過去植基於傳統大眾媒體的傳播與民意相關理論，因其研究的媒體和情境的重大改變，有可能在網路時代中，面臨必須重新檢驗其信度與效度的挑戰，而這樣的挑戰，在未來可能變化速度會愈來愈快，均需要學術界共同努力。

網路新媒體與民意的研究除了開拓新的研究議題值得重視以外，在實證研究上最為人所困擾的是「民意形成過程和結果」的「效益評估」。由於網路在傳播的效益評估，目前不論是學術研究或者是商業產業分析原本就是仍在摸索的階段，而牽涉民意形成過程的變數本身亦非常複雜。

本書作者綜合前述文獻與本書作者相關研究和觀察，目前嘗試先以「網路與選舉民意的效益評估」為範圍，提供初步的「網路與選舉民意效益評估指標」（Internet Campaigning Efficacy Evaluation Index, ICEEI），此評估指標目前僅是以「概念型定義」提出，更進一步的操作型定義和可行性評估實證研究，將於本書作者其他的研究中，進行較完整的呈現。

表3-1

「網路與選舉民意效益評估指標」 （Internet Campaigning Efficacy Evaluation Index, ICEEI）	
A面向： 傳播溝通 （Communication）	指標1：傳播內容是否為傳統（主流）大眾媒介引用 If content of communication be cited by main stream media
	指標2：是否增加競選政見和其他內容瞭解程度（網路的異步性和更多空間） If increasing understanding of campaign literatures and policies (due to Time-shift and more spaces)
	指標3：是否引起更多選舉討論 If arising more campaign discussions
	指標4：是否獲得公眾的回饋（網路直接或實體間接） If receiving the Public feedbacks (Internet direct or Physical indirect)
	指標5：其他 Others
B面向： 目標候選人形象 （Target Candidate Image）	指標1：是否提升目標候選人形象 If elevating image of target candidate.
	指標2：是否拉近公眾和目標候選人之距離 pulling closer the relationships between target candidate and the Public
	指標3：其他 Others

（續）

「網路與選舉民意效益評估指標」 （Internet Campaigning Efficacy Evaluation Index, ICEEI）		
C面向： 網路選舉內容設計 （Content Design of Internet Campaign-ing）	指標1：官方競選網站設計與公眾需求符合程度 Degree of match match between official campaign website and the Public needs	
	指標2：其他網路媒體（如臉書、推特、撲浪等社交媒體或其他網路媒體）設計與公眾互動程度 Interactive design of other Intermet media (e.g. FB, Twitter, Plurk ... etc.)	
	指標3：網路競選活動設計之豐富性 Richness of design of campaign activities	
	指標4：網路媒體管理程度（如回覆信件快速與正確等） Management of all Internet media (speed and accuracy of mail reply ... etc.)	
	指標5：其他 Others	
D面向： 競選活動之動員 （Campaigning Mobility）	指標1：是否產生競選活動虛擬動員能力 If generating virtual mobility by campaigning	
	指標2：是否透過網路具有競選活動實體動員能力（如募款、造勢、助選等） If generating physical mobility by campaigning (e.g. fund rising, campaign rally ... etc.)	
	指標3：是否具有競選活動跨層次動員能力（如虛擬與實體交叉動員） If capable to generate multi-level mobility (cross virtual and physical)	
	指標4：其他 Others	
E面向： 投票行為 （Voting Behavior）	指標1：是否增加投票意願 If increasing willingness to vote	
	指標2：是否增加投票行動 If increasing voting percentage of target candidate	

（續）

「網路與選舉民意效益評估指標」 （Internet Campaigning Efficacy Evaluation Index, ICEEI）		
	指標3：是否增加投票給目標候選人之比例 If increasing voting percentage of target candidate	
	指標4：其他 Others	
F面向： 公眾認知 （The Public Cognition）	指標1：是否提升公眾賦權 If elevating "Empower" of the Public	
	指標2：是否提升自我功效意識 If elevating "Self-Efficacy" of the Public	
	指標3：是否增加公眾對選舉之廣泛興趣 If increasing genaral interests of the campaign of the Public	
	指標4：是否引起公眾對選舉之廣泛參與 If increasing more participations of the campaign of the Public	
	指標5：其他 Others	

　　在選舉實務上，因為候選人若以勝選為唯一目的，部分面向將不會成為候選人所關切的效益（例如面向F），但是如果考量廣大選民的利益和民主的發展，諸多面向還是具有一定的參考效益的價值，因此，如前所述，以上指標之建構，並非僅針對「選舉策略」，乃是考量較鉅觀層次之「透過網路選舉」達到「選民民主素養與參與的提升」的目的，對於民意與民主的研究而言，應該仍有一些研究價值。

　　再者，若是政府利用網路進行政策宣導和非營利組織（NPO）、非政府組織（NGO）等不同目的之活動，亦應建構較為適合其目的之不同面向的指標。

4

第 4 章 ▶▶▶

民意形成與新媒體之互動發展

　　東西方社會所發生的「阿拉伯之春」和「美國總統選舉網路化」，帶給這個即將邁入Web 3.0的網路新世界，什麼樣的啟示？

　　除了以上各章對於民意學術研究上的討論，我們也應該關心網路新媒體對於當今世界民意的形成過程和結果，是否只是停留在學理研究的階段？還是已經開始產生了具體的影響？答案當然是肯定的，具體的影響已經發生。

　　尤其是人類社會即將邁入Web 3.0的時代，相較於Web 1.0和Web 2.0時代，邁入Web 3.0的特色是網路更具有智慧、而且無所不在，甚至可以說是人類的生活中所有事物都有可能連上網路並進行互動。然而，到底什麼是Web 3.0呢？

　　Web 3.0這個名詞一般認為涵蓋多層次的意義，包括將網路轉化為一個雲端（Cloud）的大型資料庫、網路與人工智慧技術的運用、語義網（Semantic Web）、地理對映網等。依據歐洲聯盟發展Web 3.0的規劃，Web 3.0是為了因應Web 2.0「使用者即是創作者」所帶來的龐大資料數量，短期內有可能全球的網路產生過於擁擠甚至容量有限的情況，而必須徹底改變現行網路的儲存與連結方式，不但可以解決Web 2.0可

能產生的問題，還可以將未來人類生活中各種電子產品和生活必需品連上全球性的雲端網路，達到提供更快速方便，以及全方位的智能服務，其目標是建構Web 3.0成爲「所有事物的網路」、「無所不在的網路」、以及「全面性服務的網路」（The Internet of Things, The Internet of Mobile, and The Internet of Services）（Europe Commission: The Future Internet, www. sti2.org, 2009）。

Web 3.0的網路對於人民而言，將可能不是只有媒體或者是載具的概念，而是預告了網路將成爲人類整體生活與型態的必要環境，屆時，網路對於人民溝通與形成意見的影響，不僅是透過現今媒體匯流的改變而已，也透過網路對於人類生活與溝通方式的改變，而可能產生更徹底的影響。

除了Web 3.0的發展與人民生活和溝通型態的徹底改變值得未來持續關注以外，目前現在進行式的Web 2.0時代，以部落格和社交媒體等爲代表，網路與民意形成的互動關係，前述諸多國外網路與民意和民主的理論均有所分析，國內亦有不少相關的研究。例如：國內知名政治傳播學者彭芸認爲，二十世紀末新傳播科技對人類的影響逐漸從虛幻變爲現實，因爲傳播科技演進而導致的改變，公民權的討論具有深刻的意涵（彭芸，2001）。

更進一步，孫秀蕙指出三個對於網路研究的觀點，分別爲：建立網路公民的溝通意識是必須深切思考的、網路的成功性在於資訊的即時性與互動效果與網路提供豐富的文本作爲文本分析的素材。在科技形式的數位民主下，網路本身的特性須加以掌握、研究與推廣，期能形成人民與政府之間形成良好的溝通管道，並且建構一個有效的慣性運作機制。此方向在網路科技與民主政治的發展上，仍然是一個進行式，在世界各國的政治制度裡，或許尚未形成基本雛形（孫秀蕙，1997）。

方念萱（1995）則以哈伯瑪斯溝通行動理論，檢視郵件討論名單（mailing discussion list）中論述（discourse）的開展、過程與結束。其分析的重點在有效性宣稱和理性討論的層次，研究結論是不同的意識型態會

影響網路上的討論，但是哈伯瑪斯認為的溝通行動所預期的較佳的論辯力量並沒有發揮作用。

瞿海源（1997）則認為，網路開發了一個新的、參與者平等對話和討論的機會，如此對特定議題的討論有正面的作用。然而，網路上難有深入而完整的討論，因此較易有許多斷語，無法把真正的道理言明，如此，網路論壇理性辯論和溝通的效果便有限。至於這是否也反映了現代社會講求效率而不能沉潛深思的現象，值得分析。

除了前述國內外網路新媒體與民意相關研究的關注以外，觀諸當今世界大勢的發展，網路與近年來許多重大事件和議題都脫不了關係，甚至成為推波助瀾的推手。震驚世界的中東「阿拉伯之春」（The Arab Spring）被部分人士認為是「臉書起義」，網路新媒體在運動中的關鍵地位不言可喻。西方先進國家如美國的總統選舉日益網路化，各候選人積極運用臉書和推特等網路新媒體與選舉策略進行溝通、募款和動員，甚至「占領華爾街」（Occupy Wall Street）運動也是透過網路和社交媒體進行大規模串連，達到全國性甚至全球的廣大迴響。亞洲地區中國的「防火長城」（The Great Fire Wall）長年以來動員極大的人力與資源，進行對於世界各地連結中國網路主體的各類網站和內容進行實質審查，嘗試過濾與其國家安全和意識型態不符的網路內容，觀諸臺灣本身，以極早期技術BBS為主要基礎的「批踢踢」（PTT），早已形成臺灣最大的虛擬網路論壇，甚至成為新聞記者每日的採訪路線，在PTT討論的特定議題往往會引起傳統主流媒體的大幅報導。

由於截至今日，網路新媒體與新的民意互動所產生的實際案例已非常之多，因篇幅有限且冀望聚焦，本書嘗試以分別發生在臺灣國內「批踢踢」（PTT）、中東地區的「阿拉伯之春」和西方地區的「美國總統選舉網路化」為例，分析當今民意的形成和網路新媒體已經愈來愈深的互動發展。

一、臺灣網路與民意實驗的場域：BBS鄉民的民意

臺灣數十年來，由純粹學術網路轉變成應該是目前臺灣網路世界中，民意發聲最具影響力的論壇之一：BBS，其所發展出的「鄉民文化」和「鄉民民意」的趨勢，不但在網路使用者間產生了極大的影響，甚至引起長期景氣主流媒體如電視等的注意，BBS鄉民民意所關注的議題和評論內容，甚至經常成為電視晚間新聞的報導焦點。

依據PTT官方首頁的宣告：「批踢踢（Ptt）是以學術性質為目的，提供各專業學生實習的平臺，而以電子布告欄系統（BBS, Bulletin Board System）為主的一系列服務。期許在網際網路上建立起一個快速、即時、平等、免費，開放且自由的言論空間。批踢踢實業坊同時承諾永久學術中立，絕不商業化、絕不營利。……並時常與教育界、公益界、各大媒體、政府機關、以及Open Source Software等各界合作。」

除了最著名的主站（ptt.cc）之外，另有兩個分站：批踢踢兔（Ptt2）、批踢踢參（Ptt3）。PTT尖峰時段，兩站（PTT與PTT2）容納超過十五萬名使用者同時上線，擁有超過兩萬個不同主題的看板，每日有上萬篇的新文章被發表以及閱讀，並且擁有數量可觀的資料文件。

PTT主站於1995年9月14日由臺大資工系學生杜奕瑾創立。批踢踢兔成立於2000年，以提供個人板以及團體等私人性質為主的看板服務。批踢踢參在2004年4月創立於美國華府，主要提供海外學生專用。

有別於其他成功的網站，例如無名小站等，PTT秉持自由與非商業化的原則。PTT在會員人數逐漸增加的趨勢下，成為臺灣目前最大的網路討論社群。許多多元化的議題，往往都能在批踢踢上產生狂熱的討論，甚至影響到真實世界的生活，使得批踢踢成為臺灣新聞日漸關注甚至派遣記者「長期駐點」的採訪路線和焦點。與此同時，PTT也曾因網站制度或發表言論等引起許多事件與爭議。

以早期技術BBS為主要環境的PTT，雖然沒有當代最新的網路技術可

以提供圖像影片等多媒體的環境，但是在超過1百萬註冊會員（依據PTT官方首頁記載）的共同努力下，儼然成為臺灣最大的網路虛擬論壇。PTT鄉民的民意可以發揮的影響力，從上述的實例可以觀察，早就與傳統主流媒體結合，鄉民之間形成的特殊次文化，也隱然形成一個自成一格的網路社會，然而，就現狀而言，PTT在透過網路新媒體形成民意的過程中，仍然有許多潛在的問題，對於其未來發展更值得深入探討。

臺灣PTT多年來的發展，對於網路新媒體和民意的互動創立了實務上重要的典範，也使得傳統大眾媒體逐漸重視網路作為新媒體的功能與角色，對於網路與媒體的發展具有正面的意義。PTT討論的主要議題，目前不但有傳統大眾媒體記者經常性的關注，並且具有新聞價值的議題和事件，往往成為主流媒體爭相報導的內容，此種網路新媒體的議題透過傳統主流媒體報導擴大了議題傳布的效果，即為議題設定的「溢散效果」，詳細討論請見本書第二部分「網路議題設定功能」的分析（請見第五、六章）。

除了議題的溢散效果以外，PTT使用者透過經常性的論壇參與和討論，對個別使用者吸收許多公共議題（當然也包括八卦）的資訊與相關議題內容，應該具有提升的效果，更進一步，論壇使用者透過討論公共議題和其他人互動的熱烈程度，或許也會對其「自我功效意識」有加強的幫助，甚至有可能達到某種程度的「賦權」結果，部分概念也呼應了本書之前所提出的「網路與選舉民意效益評估指標」中部分網路與民意評估指標的可能性（請見第三章）。凡此均對於PTT作為公共論壇，透過網路新媒體促進網路公民討論甚至參與公共議題，擴大民主參與的基礎，有了正面的功能。

國內相關研究如楊意菁（2012）則關切新聞如何引用網路意見及呈現公眾價值，該研究透過內容分析和論述分析法，分析臺灣《蘋果日報》與《聯合報》新聞報導，結果發現，《蘋果日報》報導網友意見明顯多於《聯合報》。報導引用網友意見之目的，主要是提供意見與評價觀點，少

數新聞引用網友意見則是爆料或是呼籲行動。大部分引用網路訊息的新聞並無指出引用來源，少部分指出引用來源者，則以BBS爲較多。並且，透過「網友」論述，新聞建構網友爲普遍化多數公眾、匿名之細節公眾、對立公眾、以及主動公眾的公眾樣貌。

然而，PTT的發展歷程當中，也存在不少爭議與缺失（例如：2005年一個控訴女友劈腿故事而登上《中國時報》頭條，但後來卻證實是假訊息的「新二二八事件」等），其中討論訊息真假難辨，許多訊息後來被證明是僞造，但卻已經造成相當程度的傷害和影響。部分事件引發了公憤，數天之內進行瘋狂「人肉搜索」，某些事件確實造成了當事人的反省和社會大眾良性的影響（例如惡意阻擋救護車的「中指蕭事件」），但是也有許多事件有嚴重侵犯當事人隱私以及造成二次傷害的可能。

更進一步，網路論壇也有可能在某些爭議事件中，形成社會心理學所謂「群體極化」（Group polarization）的現象，意即網路使用者，處於類似PTT的網路論壇群體中，面對具有高度爭議的議題，個人的發言和態度，容易受到群體意見的影響，而做出比起獨自決策時，更趨極端的傾向。PTT「鄉民文化」形成了獨特的次文化，然而有時，也會產生「酸」民文化的現象；少部分PTT的發言，對於某些議題，無所不用其極地諷刺與挖苦，競相以最「酸」的發言，取得最大多數的矚目，但是同時，卻並未針對議題本身的實質內涵進行瞭解和討論，類似的發展即可能與群體極化的概念相關。

就臺灣網路論壇以PTT爲例，作爲網路新媒體和民意互動發展的模式之一，展望未來是否有更多模式出現，令人期待，尤其是PTT主要以「匿名制」爲溝通基礎，然而新的社交媒體，例如臉書，則以「實名制」建構「虛實合一」的溝通環境，形成與PTT不同的民意表達和互動的方式，未來新的社交媒體若展開不同的網路公共論壇發展模式，其影響與結果仍然值得進一步分析。

二、網路新媒體與「阿拉伯之春」運動

「阿拉伯之春」（Arab Spring）是自2010年12月突尼西亞發動了以該國國花茉莉花為名的「茉莉花革命」，引起了阿拉伯世界許多國家廣大民眾示威抗議，要求推翻本國的專制政體，過程中甚至造成了當地專制政府的血腥鎮壓，其結果推翻了許多獨裁達數十年之久的專制政權。許多研究認為，參與「阿拉伯之春」的年輕世代，透過網路和社交媒體如臉書（Facebook）和推特（Twitter），迅速傳播最新的示威訊息，並且有效的組織群眾，因其基本民主權利的訴求得到了廣大民眾的支持，才寫下了締造歷史的「阿拉伯之春」的革命。

發生在突尼西亞因為經濟不景氣而失業的穆罕默德‧布瓦吉吉自焚事件公認是整個「阿拉伯之春」運動的導火線。這個事件凸顯了該國多年來對於失業率高且物價上漲，但專制政府的腐敗無能卻無法解決國家經濟的困境，人民的怒火一發不可收拾，全國各地爆發示威遊行甚至與突尼西亞國民衛隊發生暴力衝突，並在很短的時間之內，透過了網路社交媒體快速傳送的威力，迅速蔓延到全國，最後導致時任突尼西亞總統班‧阿里流亡沙烏地阿拉伯，推翻了多年來的專制政權。

自從2010年底至2011年，阿拉伯之春隨後蔓延至北非和西亞的其他阿拉伯國家，這些運動大多以「民主」和「經濟」等為號召主題，並且多採取示威遊行和網路串連的方式進行，其影響之廣大吸引了全世界的高度關切，嚴格來說，如果將敘利亞的動亂與內戰也列入，「阿拉伯之春」的影響與發展至今仍在進行之中。

這場人民運動造成了許多國家實行專制統治多年的獨裁者倒臺，包括2011年1月14日，突尼西亞革命導致突尼西亞前總統班‧阿里流亡沙烏地阿拉伯。18天後的埃及人民在開羅塔利爾廣場持續且盛大的示威，其中Google在中東和北非地區的行銷經理戈寧（Wael Ghonim）被認為是透過臉書協助革命人士進行溝通和串連的幕後功臣，甚至因此被埃及政府入

獄12天，成千上萬的人民在各大城市燃起抗議的野火，最後造成總統穆巴拉克在2011年2月11日宣布下臺，權力移交軍事政府，結束長達30年的統治。利比亞總統格達費在與革命反對勢力進行了數月的交戰，最後終於在2011年8月23日被推翻，當時反對勢力所成立的全國過渡委員會攻占了格達費大本營的阿齊齊亞兵營，10月20日，當全國過渡委員會奪取蘇爾特時，曾經不可一世的政治強人格達費遭到反對軍以殘忍並且恐有違法質疑的方式射殺。2012年2月27日，葉門在一連串的示威抗議活動後，總統薩利赫退位。在這場民主示威和網路新媒體作為支援環境的運動中，部分專制政權例如埃及的穆巴拉克，亦嘗試以切斷該國網路對外的聯繫，2011年1月27日埃及全國民眾突然發現無法上網，全國網路均被封鎖（除了唯一的家股市交易和軍方所倚賴的Noor電訊公司，但是1月31日該公司亦被

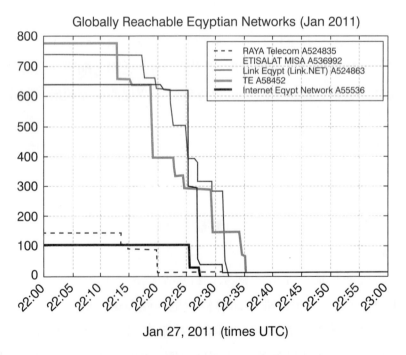

圖4-1　「阿拉伯之春」運動，埃及政府封鎖全國網路流量圖（2011年1月27日）

From Renesys (http://www.renesys.com), 2011

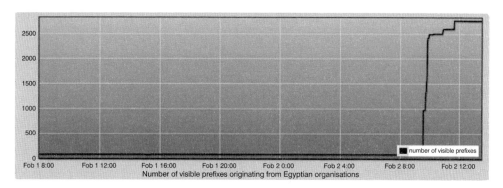

圖4-2　埃及政府被迫恢復全國網路流量圖（2011年2月2日）

From Readwriteweb (http://readwriteweb.com), 2011

斷訊），來做爲反制人民透過網路社交媒體快速串連的手段之一，這一次
埃及網路的全國斷訊應該是網路歷史上第二次，第一次爲2007年緬甸軍
政府爲鎮壓革命者而中斷了網路，但是埃及其規模和影響均超越了緬甸
事件。全國網路中斷的結果造成了國內交通運輸和機場港口的大混亂，
最後在國內銀行與產業界等力量的反對下，2011年2月2日被迫再度開放
（combined citations from Wikipedia and other media, 2011-2012）。

　　這場埃及革命許多人認爲是不折不扣的「臉書起義」。如前所述的
Google主管戈寧（Wael Ghonim）和與他背景相似的阿拉伯青年菁英，多
半擁有一流大學學歷，甚至許多是律師和醫師等專業人士，卻長期以來組
織與參與反專制政府活動，並且善於運用網路資訊快速溝通的策略，號召
社交網站的群眾共同投入革命的行列（工商時報，2011.2.20）。

　　戈寧事後接受美國CNN採訪時表示，這次革命是「起於網路，起於
臉書」，並說「這是一場網路革命，我稱之爲革命2.0。」更在CNN記者
問未來哪個國家可能爆發革命時，戈寧回答：「問臉書吧。」

　　許多研究對於網路新媒體，尤其是社交媒體如臉書和推特等，在阿
拉伯之春的人民運動中所扮演的角色，有著不同的討論。部分研究認爲
（Himelfarb, 2012）網路新媒體確實對於阿拉伯世界的年輕人在獲取外界

新知和教育觀念上產生了重大的影響，在運動發展的過程之中，社交媒體也發揮了快速更新資訊，並且有效串連與集結社會大眾支持，使得阿拉伯之春運動得以較過去的民主運動更為快速而且有組織的達成具體效果。

根據中東地區的調查研究（Salem, Fadi, Mourtada, "Civil Movements: The Impact of Facebook and Twitter," Dubai School of Government, 2012），在2011年時，阿拉伯國家的臉書使用者已經高達2,770萬人，受訪的90%埃及和突尼西亞人回答他們會使用臉書組織抗議活動並且傳布大眾對此事的認知，並且有將近三成的埃及和突尼西亞人表示若臉書被封鎖，對於活動的串連絕對具有重大影響。

其他的資料則顯示，在阿拉伯之春運動中，阿拉伯國家網路社交媒體的使用量大增，達到兩倍之多，並且認為透過網路社交媒體，群眾表現了集體智慧，提升了示威抗議的活動力，並且擴大了一般民眾的參與度，尤其證明了，網路新媒體具有支持廣大群眾運動和推動政治轉變的無限潛力（McCann, "YEAR IN PICTURES: Arab Spring," New York Times, 2011, 12, 23）。

在亞洲的這一端，中國大陸政府長年以來所建構的「防火長城」（The Great Fire Wall）早就封鎖了許多世界重要網站，如美國Yahoo和Youtube等，後續發展的社交媒體如臉書、推特等也在其防火長城封鎖線內，並且持續審查全國網路內容。在「阿拉伯之春」運動展開後，中國境內網路對於「埃及」、「突尼西亞」或「茉莉花」等字，搜尋結果均會被封鎖，並轉引至官方特定網站。

本書作者認為，姑且不論網路新媒體在阿拉伯之春運動中究竟扮演重要催化的角色，或只是工具性的角色，大部分研究都贊成網路新媒體在阿拉伯之春運動中不可或缺的功能，並且作為一個外界新知傳布和運動組織支援性的環境，最重要的是，網路新媒體對於人民觀念與意見的影響，甚至可以直接轉化為行動的力量，在阿拉伯之春的運動中，讓全世界看到了。埃及與中國大陸「防火長城」所投入的人力與資源相比，仍有一段相

當大的差距，由於埃及並無法專門針對人民示威遊行串連影響較大的社交媒體進行重點式的封鎖，只能進行全面性網路的封鎖，以至於連帶造成了全國產業和商業無法運作，反而引起了國內政界與商界有力人士的反彈，不得不再度開放網路的運作。簡而言之，獨裁者穆巴拉克在這一場傳統勢力與網路新媒體的戰爭中，最後屈居於下風，甚至影響了其不得不下臺的結果。此事件更可以證明網路與人類世界密不可分的關係，所以未來任何獨裁或威權政府，都必須面臨網路新媒體與民主嶄新結合的挑戰，甚至成為壓垮其專制政體的最後一根稻草。

三、阿拉伯世界民眾網路使用的實證研究

哈佛大學（Harvard University）「柏克曼網路與社會研究中心」（Berkman Center for Internet and Society）近年來對於網路新媒體快速的發展與社會互動的關係進行許多重要研究，對於「阿拉伯之春」運動前期醞釀時與阿拉伯世界人民網路使用的狀況也提供了深入的分析，例如艾塔林等人（Bruce Etling, John Kelly, Robert Faris, and John Palfrey, 2009）於「描繪阿拉伯世界的部落格論壇：政治、文化與異議」（Mapping the Arabic Blogosphere: Politics, Culture, and Dissent）的研究，嘗試描繪出阿拉伯世界的「網路公共論壇」（Network Public Sphere），其研究範圍橫跨了廣泛的阿拉伯國家，調查對象包含6,000多個部落格（Blog），其中有3,500個為十分積極且活躍的部落格，討論主題非常多元，包含政治、媒體、宗教、文化和國際情勢等，研究方法則使用「連結分析」（Link Analysis）、「用語頻率分析」（Term Frequency Analysis）和個人部落格人工編碼等方法。

該研究並且指出，大部分部落格團體是以國家為區域的網絡，重要的部落格團體包括：Egyptian（最大的部落格團體，並且有清楚的次團體和相關的群集，包括Muslim Brotherhood 以及部分女性）；Saudi Arabian（第二大的部落格團體，關心的議題較集中於科技，而非政治）；

Kuwaiti（分為英文和阿拉伯文的次級群集；Levantine/English Bridge，在Levant與Iraq使用英文和美國有所溝通的國際性部落格團體）；以及其他例如：Syrian、Maghrebi/French Bridge和Religion-Focused等。

至於部落客（Blogger）大部分為年輕的男性為主，少數女性亦有參與，其中埃及部分部落格女性的參與者最高，敘利亞和「穆斯林兄弟會」（Muslim Brotherhood，本書註：在埃及阿拉伯之春革命時，為反政府重要角色之一）的群體則以男性比例最高。

阿拉伯的媒體生態環境則顯示，大部分的部落客傾向使用Web 2.0為代表的網站，例如英文版和阿拉伯語版的Youtube、Wikipedia等，至於大眾媒體的部分，Al-Jazeera是使用率最高的媒體，其次是BBC和Al-Arabi-ya。許多部落客偏好Youtube上政治性的影片，甚至高過對文化性影片的興趣，這也為日後的「阿拉伯之春」運動提供了醞釀的土壤。

至於部落格寫作內容則是以部落客自身的生活經驗的觀察與在地議題為主，但是當部落客討論政治議題時，則傾向於集中在自己國家的問題上，並且會對自己國家的政治領導人提出批判，對於外國的領導人則較少討論，但一樣是負面的用語大過於正面。一般群眾討論在地的新聞也比國際新聞比例為高，但是在國際新聞中，橫跨整個阿拉伯世界部落客最關心的是巴勒斯坦和加薩走廊的議題（本書註：因為以色列在2008-2009年對加薩走廊的軍事行動正好是該研究執行的期間）。其他討論的議題也包括宗教和人權，恐怖主義和美國並不是經常被討論的主題，但是值得注意的是，阿拉伯部落客對於恐怖主義普遍抱持著反對的立場，但是當談到美國時，他們也經常保持著批判的態度（Etling, et. al., 2009）。

以下是該研究結果顯示阿拉伯世界「部落格論壇」（Blogosphere）的分布狀況圖：

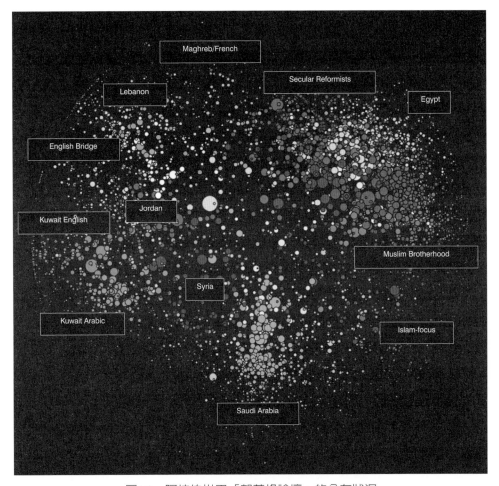

圖4-3　阿拉伯世界「部落格論壇」的分布狀況

（Etling et. al., "Mapping the Arabic Blogosphere: Politics, Culture, and Dissent", 2009）

四、美國總統選舉網路化的趨勢與影響

　　雖然美國選舉運用網路的歷史可以回溯到1990年代末期，但是美國
總統大選運用網路策略逐漸成熟，應為二十一世紀初期，尤其是2008年
總統大選當時身為民主黨候選人的歐巴馬（Barack Obama），成功的運
用網路社交媒體如Facebook、Twitter等，與其對手麥肯（John McCain）

較為年長的形象拉開了距離，並且獲得較多年輕選民的支持。歐巴馬身為資歷較淺的伊利諾州參議員，挑戰資深的亞利桑那州參議員麥肯，是在當時美國總統小布希（George W. Bush）八年任內發動第二次伊拉克戰爭，並且遭遇經濟上嚴重衰退的不利環境。雖然經濟因素絕對是2008年美國總統大選的關鍵因素，但是歐巴馬深諳網路的無限潛力，在其專業團隊的經營下，以網路在打造形象、募款、以及動員等各面向均有令人驚艷的成果，也被認為是擊敗對手的重要原因之一。

　　2012年的美國總統大選，總統歐巴馬尋求連任，但是美國的經濟並未完全復甦，失業率亦高居不下，凡此經濟不利的指標均給共和黨候選人麻塞諸塞州州長羅姆尼極佳的機會進行挑戰。雖然經濟的不利因素仍然存在，對於現任總統均會產生極大的壓力，歐巴馬甚至在第一場的電視辯論中，採取守勢的結果反而使得對手羅姆尼在辯論結果上普遍獲得認同，使得選戰瞬間形成激烈拉鋸的情況。但與此同時，歐巴馬累積了四年來在網路社群和社交媒體上的優勢，無論在Facebook、Twitter、甚至較新的Google+等媒體上的支持數量和程度，都大幅超越對手羅姆尼，應該也是造成在經濟不利的環境中，仍然能夠擊敗挑戰者的因素之一。進一步的論證，當然需要實證研究上的支持，以下僅就部分數據和實證研究，提供網路新媒體在美國總統大選近年來所扮演重要角色的分析。

　　美國總統選舉從網路開始成長的2000至2012年，各方面的發展和資料都顯示，網路在選戰中所扮演的角色呈現「指數型加速度」的成長（exponential growth），如果說1960年人類歷史第一場電視實況轉播的甘迺迪與尼克森的總統大選辯論標誌著美國進入了「電視政治」的時代，本書作者認為，經過了美國網路選舉發展十多年的醞釀，2012年的美國總統大選透過候選人雙方皆已充分發揮的「社交媒體選戰」，並根植於逐漸成熟的「網路民意」環境，其結果可能宣告美國即將進入「網路政治」的時代，相關研究與數據詳細討論如後。

　　2012年11月6日民調數字相持不下且競爭激烈的美國總統大選，在

世人的矚目下進行開票，當各州開票結果陸續出籠，美國各大媒體有鑑於2008年開票新聞過早預估導致的問題，大部分媒體此次均保守以對，連一向講求速度的CNN有線電視新聞網也不敢輕易宣布總統歐巴馬（Obama）連任成功，就算是歐巴馬在芝加哥的競選總部估算的選舉人票數已經穩操勝算，達到「魔術數字」（magic number）過半數的270張選舉人（electoral college）票，傳統大眾媒體媒體如電視等均在屏息等待歐巴馬勝選宣言的時刻，但是在網路的世界裡，有人注意到，其實歐巴馬已經在擁有2,000多萬追隨者的社交媒體推特（Twitter）上，率先宣布了勝選與感謝宣言；歐巴馬的推特上出現了以「Bo」為暱稱的發言，感謝大家的支持，再給他四年！「Bo」其實是歐巴馬所養的狗，也就是白宮的「第一狗」（First Dog），歐巴馬推特上凡事以「Bo」為發言的內容，追隨者大都知道，這即是要凸顯並非歐巴馬推特經營團隊所寫，而是歐巴馬本人親自的發言（當然大家也知道這並非是真正那一隻小狗Bo的發言）。雖然歐巴馬仍在11月7日的電視上發表更正式的勝選演說，然而，這最早的一條推特上留言，正寫下了美國總統大選當選人勝選和感謝宣言，是第一位率先在網路上宣示的歷史。

　　2008年民主黨候選人歐巴馬和共和黨候選人麥肯（McCann）相較之下，歐巴馬在網路選戰策略和社交網站的經營上，就明顯占了上風。四年之後的2012年，歐巴馬挾著四年持續經營的成果，一樣在網路和社交網站的整體表現上，超越了對手新的共和黨候選人羅姆尼（Romney）。截至2012年10月，總統大選前一個月，歐巴馬的臉書累計有3,080萬個好友，推特有2,080萬追隨者，就連較新的社交媒體Google+，歐巴馬也有3,220萬名粉絲；另一方面，羅姆尼的臉書只有930萬個好友，推特則落差更大，僅有140萬追隨者，新的社交媒體Google+更是完全無法相提並論，只有96萬名粉絲（引用數據整合自相關網站和媒體資料，10/2012）。

　　除了帳號上的數字以外，網友主動的搜尋行動也在不同的候選人中

顯示出差異。根據Google趨勢分析，2008年總統大選投票前五週，網友搜尋歐巴馬的次數比麥肯多108%，在最後一週甚至多出335%，網友的積極行為顯示當時作為候選人之一的歐巴馬受到年輕人大幅度的重視（www.google.com, 2008）。

2011年8月30日共和黨代表大會正式提名羅姆尼為候選人，傳統媒體如電視大幅報導的同時，民主黨籍的美國總統歐巴馬卻選擇在網路著名的新聞網站Reddit（www.reddit.com）上親自回答選民的提問，吸引超過百萬網友的熱烈回應，成功達到吸引百萬選民參與、與選民溝通、並且大幅度轉移了對手在大眾媒體上所獲得的注意力。

更進一步，歐巴馬延續2008年網路募款的成功，2012年總統大選，在透過網路進行募款、臉書、My Space（美國另一個社交媒體）、推特、Google搜尋趨勢等各方面的網路選戰策略，也明顯較羅姆尼表現突出，例如歐巴馬透過網路募款，破紀錄地吸引超過400萬選民的小額捐款（金額大約80美元左右），累積了將近4億美金，相當於120億臺幣的募款經費，與羅姆尼大都接受財團公司的大額捐款形成強烈對比，本書作者認為，這樣的網路募款數字，並不是只有金錢上的差異而已，而是具有更加深歐巴馬貼近平民並且獲得一般選民支持形象的重要意義。

除了以上重要的候選人網路選戰策略之外，美國公民媒體使用的觀念與行為，在近十年內也產生了極大的變化。美國著名的研究單位「皮優研究中心」（Pew Research Center）所進行的縱貫研究（longitudinal study）資料顯示，美國人民自從2000年以來的媒體使用習慣，在每一次總統大選都可印證，存在著極大的變化。皮優研究中心（2008）於2007年12月19-30日，針對1,430名美國成人所進行的調查指出，網路已經是目前總統大選「最具潛力」（potential as major source）的主要新聞來源，在所有的媒體使用，包含無線電視新聞、公共廣播、無線和有線電視脫口秀等，美國人倚賴傳統媒體獲得選舉資訊的比例不是停滯，就是下降，例如：地方電視新聞下降8%，晚間新聞下降13%，日報下降9%，有線電視

新聞的比例則呈現停滯，唯有網路從2000到2008年每一次總統選舉均呈現倍數成長，已經成為美國選民獲取選戰新聞最主要的來源之一（詳見表4-1）。

表4-1 美國民眾獲取總統選舉資訊的來源

Where the Public Learns About the Presidential Campaign			
	Campaign year		
Regularlt mearn something from ...	2000	2004	2008
	%	%	%
Local TV news	48	42	40
Cable news networks	34	38	38
Nightly network news	45	35	32
Daily newspaper	40	31	31
Internet	9	13	24
TV news magazines	29	25	22
Morming TV shows	18	20	22
National Public Radio	12	14	18
Talk radio	15	17	16
Cable political talk	14	15	15
Sunday political TV	15	13	14
Public TV shows	12	11	12
News magazines	15	10	11
Late-night talk shows	9	9	9
Religious radio	7	5	9
C-SPAN	9	8	8
Comedy TV shows	6	8	8
Lou Dobbs Tonight	—	—	7

(Pew Research Center, p. 1, 2008)

進一步的交叉分析顯示，2008年網路已經變成年輕族群最重要的選戰新聞來源，18-29歲的選民超過42%長期透過網路獲得選戰新聞，這個數字是2004年（比例為20%）的一倍以上，其中社交網站如Facebook、

MySpace等所占的比例最高，同時與其他研究相似，本次實證資料也再次印證，年輕族群和年老族群的媒體使用習慣也呈現了愈來愈大的年齡鴻溝（age gap），例如對50歲以上的選民而言，電視仍然是主要的新聞來源（50%），網路使用只占15%。但是，本書作者於第二章也提醒了由「世代效應」推估對於網路使用未來發展的必然方向，亦即，「電視世代」終將為「網路時代」所取代（詳見表4-2）。

表4-2　選舉新聞來源的世代差異

Generations Divide in Sources of Campaign News				
Regularlt mearn something from ...	18-29 %	30-48 %	50+ %	Age gap
Local news	25	39	50	-25
Sunday polotical TV	4	12	21	-17
Nightly network news	24	28	40	-16
Daily newspaper	25	26	38	-13
Public TV shows	6	12	14	-8
Moming TV shows	18	21	25	-7
Religious radio	5	8	12	-7
Cable news networks	35	36	41	-6
National Public Radio	13	19	19	-6
Cable political talk	12	11	18	-6
News magazines	8	9	13	-5
Talk radio	12	16	17	-5
TV magaxine programs	21	19	25	-4
C-SPAN	6	9	9	-3
Lou Dobbs Tonight	7	5	8	-1
Late-night talk shows	10	8	9	+1
Conedy TV shows	12	7	6	+6
Internet	42	26	15	+27
Internet in 2004	20	16	7	+13

(Pew Research Center, p. 2, 2008)

至於在眾多網路媒體的使用中，美國也開始存在「高收視的網路媒體集中化」的現象，其中，網路MSNBC（26%）、網路CNN（23%）、

Yahoo News（22%）為30歲以下使用率最高的前三大網路新聞媒體，其中MSNBC與CNN均為傳統電視媒體在網路上的延伸，也部分呼應了本書作者在第二部分實證研究中所提及的「議題設定的擴張效果」。

同時，除了網路新聞媒體外，美國人網路媒體使用的行為可以看出「多元化」的趨勢，也符合網路的特性。例如：除了以上的網路新聞媒體以外，非常多元化的社交媒體MySpace與Facebook、Drudge Report、You-tube等也是受到相當關注的新聞來源之一（詳見表4-3）。

表4-3　美國30歲以下民眾獲取網路新聞的來源分析

Where People Get Campaign News Online			
	Total	18-29	30+
	%	%	%
MSNBC. com	26	30	24
CNN.com	23	30	21
Yahoo News	22	27	19
Google News	9	10	9
Fox News	9	5	10
AOL News	7	5	8
New York Times	6	5	6
Drudge Report	3	1	4
Myspace	3	8	*
You Tube	2	6	*
BBC	2	2	2
USA Today	1	0	2
Washington Post	1	1	1
Less than 1% each...			
Other Newspapers*	6	6	6
ISP Homepsges*	3	4	3
Candidate Websites*	2	2	3
Local TV/Radio*	2	2	1
Other	20	23	18

（續）

Where People Get Campaign News Online			
	Total	18-29	30+
	%	%	%
Number of cases	639	153	479

Based on those who regularly or sometimes learn about campaign on the internet. Figures add to more than 100% because multiple sites could be volunteered.
*Categories of similar types of websites, none of which individually added to 1%, ISP hompages include such websites as AT&T, Comcast, etc.

(Pew Research Center, p. 7, 2008)

　　國內有關於網路選舉的相關研究亦不在少數，如彭芸（2001）研究1997年臺北縣長網路選舉之比較，以及1998年臺北市市長選舉候選人網站和網路選舉策略分析，並且得出民進黨、國民黨和新黨不同陣營對於網路選舉的重視程度之不同，其中民進黨對於網路選戰較為重視。

　　胡幼偉與鄭麗琪（1999）於「網路選舉資訊使用者素描：社會背景、政治參與及傳播行為的多面向觀察」研究中分析國內網路選舉資訊使用者的社會背景、心理特質、及其傳播行為等特徵。研究結果顯示，網路選舉資訊使用者的主要特徵為年齡較輕及教育程度較高。這些選民並非因政治參與程度較深或支持某一候選人而接觸網路選舉資訊，接觸網路選舉資訊可能只是作為知識青年次文化的表徵，是一種儀式性的傳播行為。

　　洪雅慧（2010）於《網路競選傳播》書中，研究範圍涵蓋了2000至2009年臺灣總統大選與地方選舉網路競選，也分析了國外相關網路競選研究。書中將網路競選傳播分成「計畫」、「執行」與「評估」三大階段，並且提出以「使用者」為角度的「網路競選傳播新模式」，形成「整合行銷傳播計畫」，以方便選民使用的「使用可親近性的執行」，及評量宣傳效果的「使用者滿意度評估」，為國內外網路競選相關研究進行相當完整的分析。

　　綜合了以上國內外的相關分析，本書作者認為，從2000到2008年間，這八年的變化，不但印證了網路在選舉和民意互動的「潛力」，也宣

告了美國在這關鍵八年內的演進，「網路主流媒體即將確立」的地位。截至本書截稿為止，因2012年美國總統大選相關實證研究尚未完備，否則2012年美國總統大選的各項數據，極有可能正式宣告美國「網路主流媒體時代的來臨」，由於美國總統與政治傳播和主流媒體息息相關，也因此可以判斷，美國於2012年不但開啓了「總統選舉全面社群網路化」的新頁，更可能使得美國從今以後由「電視政治」正式進入「網路政治」的時代。

相對於民主和網路應用先進國的美國，臺灣可能因為民主發展仍屬初期階段，網路基礎建設和相關的應用，無論在網路服務提供者ISP與網路內容提供者ICP，均尚無法與美國相比擬，政治人物對於網路選舉和民意的溝通相關概念，也因為世代差異、政治文化、和網路應用環境尚未全面成熟等可能因素，而呈現大幅落後的現象。衷心希望本書所提供的部分分析與建議，加諸國內外蓬勃發展的相關研究，得以提醒國內更加重視在網路整體環境急速發展不可逆轉的趨勢下，時至今日，網路新媒體和民意在國際間已經日漸深化的互動，在國內亦有日漸萌芽甚至開花結果的現象，就民意研究的角度而言，無論是學術或實務，未來宜將網路新媒體與民意納入核心議題之一。

第二部分

實證研究與討論

5

第 5 章 ▶▶▶

網路議題設定效果
傳統與新媒體效果的擴張與溢散[1]

一、前言

在前面的章節之中，筆者闡述與分析了新媒體時代的匯流，以及建構於這樣的新媒體結構上民意可能形成的趨勢。本章之後，將以實證研究檢視臺灣在網路新媒體的快速演變環境中，民意有可能受到的影響。

在眾多的傳播理論中，分析媒體與民意的互動關係者不在少數，本書作者擬以「議題設定理論」作為本書實證研究探討的焦點，其理由如下：1.議題設定理論的創始者McCombs and Shaw提出該理論時，便是在著名的《民意研究季刊》發表，並且深入探究媒體議題如何影響公眾議題的各種變數；2.網路政治與傳播相關的研究文獻中，並不乏以議題設定理論分析網路媒體除了多樣傳播方式以外，作為也可以是大眾媒體角色下，是否也具有其議題設定的功能。

不過，過去許多研究對於議題設定在網路上的影響，大

---

[1] 「網路議題設定效果」之實證研究，為本書作者接受行政院國家科學委員會補助之研究案（NSC 93-2414-H-030-001-SSS），在此感謝國家科學委員會的協助。本研究部分議題和研究主題摘要式介紹，曾發表於2010年媒介與環境國際學術研討會，唯完整之研究內容與結果分析於此首次出版。

多在探討網路論壇或虛擬社群中，是否存在有特定議題設定的現象。本書作者認為，就目前網路的現況，尤其是臺灣，就觸及的人數和普及率而言，網路議題設定如果存在，似乎是以「入口網站新聞」發揮的影響力較大。因此，本書擬以臺灣入口網站新聞議題設定效果，作為實證研究的主要方向。

二十一世紀隨著網路的快速發展，已被賦予更加速新資訊社會廣度與深度發展的期盼。在網路為溝通基礎的資訊社會當中，人類社會的諸多層面，例如物質生活、商業模式、空間概念、意識型態、科技發展、文化塑造、以及政治運作等，都將受到深遠的影響。以新傳播媒體對於政治的影響而言，傳統政治領域中的核心思維和運作模式，不可諱言，均將受到一定程度上的挑戰。

作為一個初探性研究，本計畫的研究問題集中在分析網路新聞可能的議題設定功能，本研究稱之為「網路議題設定」（E-Agenda-setting），尤其是集中分析此種透過網路新媒體議題設定的「議題擴張效果」（Agenda Expanding Effects）。本研究對於「網路議題設定」的定義是：介於論題倡議者之間，對爭取議題顯著性的一種競爭（contention）態勢，並嘗試透過網路新聞所呈現出的此種議題顯著性，吸引新媒體專業人員、一般公眾、政治菁英的注意。而網路議題設定的「擴張效果」則意謂：傳統大眾傳媒（如報紙、電視）在現今網路時代中，其新聞的議題設定功能已藉由網路新媒體，以編輯、內容合作、電子報成立等方式，擴散至不同的閱聽大眾。這種網路的「議題擴張效果」，或許適切地填補了傳統大眾傳媒日趨下降的影響力，甚至穿透了e世代分眾的媒介使用族群，使得大眾媒體的「議題設定功能」得以在資訊超媒體（hyper media）時代中，以新的運作形式和影響過程繼續存在著。另一方面，如果是網路新媒體論壇或者任何公眾討論的場域（例如「批踢踢」PTT等）所形成的議題，反過來透過傳統主流媒體報導而引起反向的議題設定功能，則稱為「議題溢散效果」（Agenda Spill-over Effects）。

議題設定研究對於傳統媒體（例如報紙和電視）所具有的議題設定功能，已有非常完備的研究成果。本計劃案的研究問題則是嘗試瞭解：

1. 透過網路虛擬空間，網路新聞是否具有議題設定的功能？
2. 如果此種功能確實存在，一個完整的「網路議題設定過程」又為何？
3. 在此過程中，「網路議題擴張效果」是否產生？
4. 這樣的議題設定和擴張功能，對於網路使用者而言，又產生了何種效果？
5. 網路使用者所認知的公眾議題，又透過了哪些變數而受到影響？
6. 這樣的網路議題設定功能，對於學術和實務界而言，又有什麼樣的啟發？後續的研究又該如何進行？

依循議題設定和網路政治研究相關文獻而導出的重要變數，架構了本研究的十個研究假設。這些重要變數包括：媒介訊息來源可信度、媒介暴露、人際討論、親身經驗、社會經濟特徵、需要引導的需求、政黨屬性、以及科技熟稔度。

本計畫所使用的研究方法，嘗試結合了傳統議題設定和較新的網路傳播的互補式多元方法設計，包括：（1）剖析媒介議題的「內容分析法」，分析同一時段「網路入口網站」和「傳統大眾媒體」新聞的議題，除瞭解「網路議題設定功能」是否存在外，並交叉比對，檢驗傳統大眾媒體和網路新媒體間，是否存在「議題擴張效果」；（2）測量公眾議題的「調查研究法」，為求適合新傳播媒體特性，擬進行較為創新的研究方法網路調查法（Internet survey），瞭解網路使用者的公眾議題排序；（3）以「深度訪談法」耙梳守門人新聞室控制和新聞編輯原則和流程，深入訪問臺灣三大入口網站新聞編輯和管理人的第一手資料，對於網路議題設定的過程，做更為詳細以及完整的剖析。

除了以上1.至5.研究問題涵蓋在此次本計劃案的設計與測量之外，本計劃案亦冀盼拋磚引玉，對於未來的相關研究，提供一些可參考的方向。

本計劃案擬於文末，對於研究問題6.，提出一個頗值得未來的學術和實務界兩者關注的問題：如果網路議題設定功能確實存在，透過網路虛擬空間的特性，和網路新聞相較於傳統媒體不同的產製方式，以及新傳播媒體特殊的守門人過程，則未來的媒介、公眾、或政策議題（media, public, or policy agenda）操作上，各種論題倡議者（issue proponents），例如政治菁英、利益團體、政府機構、或者媒介本身，都必須認知此種不同的議題設定的運作模式，一定程度上將被迫依循新的網絡議題生命週期（The Life Cycle of Internet News）過程，進行新的論題提出和管理的策略；本計劃案作者認為，因為網路入口網站的新聞交換和新聞連結的特性，未來的網路議題設定策略者，可能會如同駭客利用類似熟悉電腦軟硬體結構所編寫的特定電腦病毒一般，以所謂「**網路議題病毒**」（**Internet Agenda Virus**）（本研究作者暫稱之）的方式，在不同的網路虛擬空間「啓動」（initiate）其所想要的特定議題，在透過這些虛擬空間的相互連結，逐漸「擴散」（spread out）此特定議題，達到攻占在入口網站新聞該特定議題顯著性（the salience of certain issues）的目的，更有甚者，十分熱門的網路議題有可能「反攻」回傳統大眾傳媒的議題，達到議題「反向擴張效果」（The Reversed Agenda Expanding Effects）。這些可以輕易發動議題的虛擬空間至少包括：聊天室（Chat rooms）、BBS（Bulletin Board System）、新聞族群（News groups）、新聞電子名單（News lists）、特定的網路虛擬族群俱樂部（Various Internet families, groups, or clubs）等。

就本文作者目前所蒐集到的文獻所知，此計畫應是國內外第一篇，專門針對入口網站的網路新聞議題設定功能及其可能的擴張效果，做較為完整分析的研究。傳統的議題設定理論已成為大眾傳播研究和政治傳播研究的經典之一，在90年代，第二層級的議題設定功能也和框架理論與預示理論結合。在資訊時代，網路的使用日趨普及，議題設定研究似乎可以擴展在新傳播媒體上的疆界，本研究企盼能為此貢獻一小步。

二、網路政治與議題設定相關文獻探討

本研究的範疇包括了網路政治、議題設定、和新傳播媒體研究，相關的文獻探討不可避免地涵蓋了十分廣泛的範圍。但是為了使文獻探討更具焦點，本書作者將從當代網路政治研究的三大範疇介紹起，再將網路政治研究的子題大致分為五大類，並對每一類主體作概括的討論，其中，第五大類主題探討新媒體「政治過程」（political process）的部分，而如同議題設定學者McCombs & Shaw（1972）所述，議題設定其實就是研究政治過程的一種理論，因此，文獻探討將接續回顧議題設定研究的菁華。在網路議題設定的過程當中，新傳播媒體在和傳統媒體或者電子報新聞交換的守門人作用應該也是存在的，所以守門人理論也將一併探討。最後，雖然本計劃案為一探索性研究，因此直接與本計劃主題切合的網路議題設定研究可說是鳳毛麟角，但本文仍盡力蒐集了國內外目前與網路議題設定相關的論文，並於文獻探討最後討論之。

1. 網路政治之研究範疇和五大主題

網路政治的研究可以說是包羅萬象，凡是與新媒體有關的政治活動都可以包含在內，本文將目前相關的討論概略的區分為五個重要主題，包括公眾在網路中的民主參與、哈伯瑪斯的公共領域概念在網路空間中的實踐、網路互動性所帶來的影響、政治的深思熟慮（political deliberation），以及網路空間中的政治過程、政治行為與政治文化等。因本研究之文獻探討包含內容較廣，所以對於這五個主題的討論僅作概括性介紹。接續並以第五大主題「政治過程」和議題設定的研究銜接（理由詳見前述），來看待網路政治中的議題設定效果。

（1）網路民主（**Internet Democracy**）

「網路民主」（或有學者稱為數位民主Digital Democracy、及電子民主Electronic Democracy）是隨著網際網路興起的重要概念，強調透過資

訊科技的實施，達到直接民主的目的，亦即，公眾與政府的溝通可以直接透過電腦及網路的運用，創造新的互動空間，以實施民主的理念，特別當傳統代議政治及大眾媒體無法充分發揮原有功能時，網路民主似乎是另一種勢在必行的民主新方式（王佳煌，2002；賴繡妮，2002）。

Hagen（1997）提出，所謂的網路民主指的是，可以藉由電腦與網路的使用和運作，促進資訊傳遞、整合與分享，以作為決策參考的依據，並使政治更加的民主化（徐千偉，2000）。而國內學者項靖（1999）則認為，網路民主是指，運用現代化資訊及傳播科技，以協助各類民主價值的實現，主要是透過網際網路的中介，進行民眾參與公共事務以及政府溝通的傳播，藉此提高政府的績效以及公共服務的品質，實踐公眾參與政治的理想。網際網路蓬勃發展的現代，網路民主確實改寫了傳統的政治溝通模式，透過電腦中介傳播進行公民參與公共事務及政府溝通，更進一步的透過網路促進政府行政的公開性、去除公民參與的障礙，達到雙向溝通的理想傳播模式（項靖，1999）。

換句話說，網際網路實是結合了美國代議民主和古希臘直接民主的內涵，彰顯出實踐直接民主的契機。在網路可以達成直接民主的呼聲下，Hagen（1997）即提出具體的意見，認為資訊及傳播科技是提供直接民主參與的管道，其認為透過網路人民更能進行監督政府的功能，使政府人員更加的重視民眾的需求；其次，民眾也可以藉由網路的管道學習參與政治討論，扮演影響決策的角色之一；此外，更能夠藉此針對不同的議題提出己見，促成相關公共議題的對話機會，以獲得認同、達成共識，影響決策；最後，透過網路的溝通機制，更能抵抗傳統媒介傳播過程中的外力影響，如商業與不當的政治利益等。

Graeme Browning（1996）認為，電腦中介傳播提供民眾參與政策的理想機制，形成對選舉以及立法途徑的重要影響力之一。Brants（1998）則明確的指出，傳播科技改善了目前代議政治的可能性，並認為透過這樣的民主參與，可以增加民眾對自我公共責任感的加強。

Dick Morris（1999）則提出，直接民主可推動不少政治改革，而網路可以實踐直接民主，例如網路投票，在美國總統初選局部實驗網路投票等活動，在在都說明了網路政治參與的可能性，且在決策程序中都扮演了舉足輕重的地位。張志偉（2000）以爲，網路民主活動的優勢具有諸多特點，諸如透明、效率、經濟創新進步等[2]，可以做爲追求更高水準之民主政治發展的參考。

　　雖然傳播科技的發展有提升民眾參與公共事務的可能性，但是傳播科技是否眞能擴大政治參與，至今仍有許多質疑。相對於樂觀論的學者而言，對於「傳播科技必可帶來民主」持保留態度的「懷疑論者」就認爲，傳播科技實際上是更進一步的讓政府對人民進行更精密的管控（Hacker, 1996），而更多的學者強調，新科技的發展可能更快速的形塑出資訊富者與貧者之間的新社會階級（Arterton, 1987; Barber, 1984; Bonckek, 1995; Ward, 1996），原因在於傳播科技所帶來的權力可能會過度的破壞民主（Habermas, 1970），使得政策權定者或利益團體更具權力（Burnham, 1983），進而破壞民眾政治參與的種種權利，更可能造成電子殖民主義的興起（Sun & Barneet, 1994）。Arterton Christopher（1987）認爲，現代科技能夠提供我們一個改進民主的方法，卻不是一個主要或者最終的實

---

2 參考莫理斯、張志偉（2000）：《網路民主》。臺北：商周。網路民主活動的優勢可具體歸納如下：（1）透明：透過網路事務處理將公開透明，使得黑金勾結難度大增。（2）效率：網路縮減時間與空間的成本消耗，提升了選民服務的品質。（3）經濟：透過網路進行公投將使選舉的過程消耗大幅下降；選民服務案件追蹤成本大幅降低；更進一步由於公投的舉行變得容易，政府施政與民眾需求的落差，將可逐步藉由機制運作縮減，從而大幅提升生活品質。（4）創新：透過網路各種新型態的工作將不斷出現，民眾問題的提出與解決都不再僅侷限於過往的通道，公共參與的空間不再由任何媒體完全壟斷，進而達成民主生活方式最基本要求理性辯論的可能。（5）進步：當理性論證的公共空間得以型塑後，理性批判政治人物及所推設的進步將具體地展現在公共事務的人民參與和公共政策提出與實踐。如此一來，民眾在日常生活（非選舉期）也能積極地直接參與公共事務，決定公共事務，而政治人物的選舉也會將焦點專注於公共政策之辯論上。

踐方式。

就較悲觀的角度而言，雖然新科技增加了民眾取得資訊的機會，但是網路資訊的取得僅使相對少數的選民獲益。對網路民主抱持樂觀態度的人會認為，網際網路創造出一資訊共享的途徑、有益於去除公眾參與政治的障礙，並讓公眾可以更接近政府以延伸政治辯論的界線，但在實際落實方面卻顯得困難重重（黃瓊儀，2001：2）。在相關的研究報告中即指出，現階段上網人口仍然以男性、年輕、高教育程度者為主，顯示出網際網路普及的不足，進而造成「資訊隔離（information apartheid）」鴻溝的產生，也因為公民參與的機會不平等，而成為民主政治中的一大缺陷（黃寶慧，2001）。

彭芸（2001）亦指出，網路民主的主張包含了政治管理和公共行政整體型態的實踐，許多人低估這種改變的程度，因為如果網路民主可以真正實踐，人類政治文化中傳播與行動的方法將會有明顯的改變，但是以二十世紀的經驗而言，大眾媒介對於政治及民主的重要性雖然與日俱增，但是所有重要的政治決策還是必須在具有親身接觸的會議和傳播中進行。

在實際的網路民主經驗上，胡幼偉、鄭麗琪（1999）研究調查發現，網際網路仍然不是多數民眾經常接觸的選舉資訊管道，只有極少數的受訪者選民表示，從網路上獲得許多選舉資訊或是曾經相當注意網路選舉訊息。研究結果亦顯示，使用網路的民眾多以年輕以及高學歷的民眾居多，該研究結論進一步指出，網路在選舉文化上的表達與使用可以代表年輕族群次文化的表徵，它是一種儀式性的傳播行為，而未必隱含什麼工具性的價值。如果網路民主所顯示的意涵，只是停留在次文化的意義展現上，那麼在政治參與的層次與前景上，恐怕是有些悲觀。

（2）網路空間中哈伯瑪斯「公共領域」（Public Sphere）概念的實踐

網際網路不只改變了閱聽人的使用習慣，也改變了人民對政治的態度。在過去傳媒時代裡，民眾多是苦於無管道來抒發自己的意見，而網路

恰好給予他們一個發表和參與政治的空間，並給予實現哈伯瑪斯公共領域概念的機會。公共領域指的是：「市民可以自由的表達自己的意見，並與他人進行有效的溝通，以形成民意，造就具有共識的社會生活場域」（Habermas, 1970）。其中最重要的是包含了理性、公平、公開的對話空間，已進行理性的思維辯論（蔡青燕，1999）。

網站討論區的建置是最常被引用來連結哈伯瑪斯公共領域概念的功能，以「公共領域」觀點來看，討論區確實有理想中公共領域的概念存在：「能夠開放給弱勢者表達不同意見，豐富公共論述的多元性」（蔡青燕，1999：28）。不過，也因為網際網路的迅速發展，以及傳播過程中所牽涉到的種種複雜性議題，討論區的公共領域概念尚未有一確切的定論，還有待進一步的研究和討論。

相較於傳統的間接參與方式，網路發展所形成的新的公共領域與公共對談的空間，使得民眾有更多直接參與的機會，運用科技發展方便參與討論與溝通，促成公共辯論與直接民主的可能（Macpherson, 1997）。也因網路無國界的資料流通與交流，進而提供一個可以充分討論的公共空間，讓民眾得以透過網路瞭解各項議題，進而參與其中，讓直接民主的典範再次成為可能（孫秀蕙，1997）。

後續研究將哈伯瑪斯的公共領域概念導入電腦中介傳播（computer-mediated communication）的焦點討論，認為網路傳播能實現不同層次與領域的互動討論。黃啓龍（2001）認為，網路提供了弱勢社群一個重新發聲的空間，讓他們得以發出不同的聲音來挑戰既有主流價值，網路能提供資訊與多元觀點及形成發聲管道，使網路形成具備公共領域實踐場域的條件。

哈伯瑪斯強調公共討論的重要性，強調公開並獲得制度合法保障的言論發表，讓民眾可以表達個人不同的意見，公共領域即成為公共論壇的有效空間，其可貴之處乃在於民眾的直接參與表達意見，而非經由菁英或是利益團體的再製訊息，更不是官方的、帶有層級意識型態的詮釋（曾豹

慶，1999）。

　　若要使網路的公共論壇更有意義，民眾在參與意見表達時，必定要以客觀、理性的方式，而非謾罵、不負責任的攻擊，反而使良好的溝通互動管道，成爲相互攻訐、毫無節制的空間（鄭德之，2000）。因此，唯有提升民眾的資訊素養，加強網站發表意見的認證機制，讓民眾得以爲自己的言論負責任，才能使網路民主達到理想的目標。就哈伯瑪斯而言，民主所倡導的公共領域的對話場域與理性溝通非常相近，都是強調透過平等、暢通的溝通，來達成共識，進而成爲公共政策及社會行動的依據（黃瑞祺，1998）。

　　在今日，要達到古希臘般的直接民主、面對面的討論議題，實不可能。黃學碩（1996）研究顯示，多數人認爲網路上的討論品質不佳，若要以哈伯瑪斯的溝通理論做爲網路上的實踐理想，則與現實的情況尚有一段遙遠的距離。但是網際網路卻提供一個新的契機，連結了民眾與領導人之間的距離，進而得以直接參與政治過程（陳俊宏，1998）。

（3）網路媒體的互動性（**Interactivity**）

　　傳統的傳播技術主要著重於重製（reproduction）與傳遞（transmission），對個人而言只能接收訊息，是一種被告知的形式。而科技的進步使得個人與群體間的互動增強，如利用Fax、E-mail及網際網路等的溝通系統。個人的行爲因此得以由被告知者轉換爲參與者的角色，新傳播科技更提供了回饋的管道（鄭德之，2000）。換言之，過去人們所接收到的訊息往往都是透過大眾媒介的「專業性」篩選而成，人們被告知「什麼是應該要知道的議題」，對於資訊需求以及選擇多處於被動的接收，這樣的「單向專業作業」已經漸漸地被網際網路的特性所取代，其中尤其是以「互動性」最爲大宗，網際網路的互動性使得傳統單向的接收以及有限制的選擇，轉而成爲雙向的溝通，人們可以藉由網際網路直接選擇所需的資訊，並且適時的做出自我的意見或回應動作。

一般討論網際網路傳播的五大特質，通常包括：多媒體、超文本、雙向溝通性、共時性與互動性，而網路的迷人之處在其互動的特性，抱持樂觀態度的人認為，透過網際網路的互動性可以避免掉傳統媒介守門的中介機制，使得網路民主露出新的契機，民眾可以透過網路的中介機制，對政府提出的各項議題進行辯論、參與、討論，並表達己見，讓政府決策可以更具有深度與廣度的思考（Herbst, 1995; Page & Tannenbaum, 1996）。

　　就網路傳播的型態來說，透過電腦網際網路的中介，可以維持人際之間的聯絡關係，雙向的進行溝通與他人討論（Ball-Rokeach & Reardon, 1988）。網際網路更可以進行一對一、一對多，以及多對多的雙向傳播（Paulsen, 1995）。而網站討論區的設立更能讓人們進行線上討論，促進意見的交流，達到有效的雙向對話目的（Thomson, 1996）。

　　但是就社會層次而言，由於網際網路的跨地域性與無限制的資訊膨脹，卻使得網路的資訊內容管制無法執行，也造成了虛擬世界中無政府的溝通狀態（孫秀蕙，1997）。

　　因此，許多學者紛紛提出「如何建立起網路世界中的溝通秩序」的重要性，以建立起網路公民（Netizens）的溝通意識，才能使網路發揮其最佳的功能，而這樣的概念也是研究電子化民主的最重要的核心概念之一（孫秀蕙，1997）。

　　此外，就科技層面而言，網際網路對社會的影響另一重要點在於，網際網路提供資訊的即時性，以及互動的效果。就現今的網路來看，我們不難發現，幾乎所有的網站都強調其網站設計的互動功能，也因為這樣的功能設計更加強了電子化民主的樂觀看法，認為透過網路的互動功能使得直接參與民主政治的可行性能夠實踐（孫秀蕙，1997）。

　　然而，水可以載舟亦可以覆舟，我們在網路的使用空間中看見了溝通的效能，就如同是網路民主的契機，但是這是否也代表了新的階級意識即將產生，例如少數人藉由其對網路科技的智能與技術，刻意的藉由網路傳達意見企圖形成影響力，結果將會形成一種新的階級區隔，更有

人宣稱網路使用者已儼然成為「第五階級（Fifth Estate）」（Dick Morris, 1999）。

　　整體而言，在臺灣討論區的建置都有愈來愈重視的趨勢，尤其是在新聞網站的設立，不但可以提供一個討論議題的公共空間，更可以成為新聞工作者的消息來源（蔡青燕，1999），透過討論區來擴展讀者與讀者之間的傳播溝通，更能表現出多元的意見（Schultz, 2000）。

（4）政治的深思熟慮（或稱為慎思明辨）（Political Deliberation）

　　透過電腦中介傳播，網際網路確實能夠使得民眾與政策決定者得到充分的溝通。在網路民主概念下所呈現的政治議題，能夠經由多方且多元性的討論空間，來達成對政治議題的慎思明辨，然而這也必須承認在共有之公共溝通的空間上，民眾對如此空間的認同與參與程度。

　　再者，市民社會與政治制度上所形成的互動系統，在網路民主的設計與參與上，仍舊沒有十分明顯的進展與共識，在政治學的領域裡，這會是一個必須面對與亟待開發的研究焦點。Jorden（2001）認為，政治活動在大眾與政府形態如何在資訊型社會經濟中變化，至今仍不是十分明顯，但卻因為資訊傳播形式的革新，在互動上產生明顯可見的變化。就如同與網際空間密切相關的生產與消費，資訊型社會經濟的政治活動改變也有賴網際空間創造出來的新空間。在這塊新空間中，資訊以前所未知的方式流動，而現在正需要描繪的，是這塊空間的本質（Jorden著，江靜之譯，2001：236）。

　　基於網路互動性的特色，鄭德之（2000）認為，網際網路不但可以充分滿足民眾知的權利，更能提供民眾表達意見的管道，民眾可以深入思考，進而彌補政策決定者的盲點達到集思廣益的效果，加強實踐公共服務的提供，實現公民參與公共事務，以及直接民主的機會，拉近民眾與政府之間的距離。

　　但Gubash（1997）認為，民眾的理性以及思辨的能力是有限制的，

新媒體與民意：理論與實證

這將使得網路民主無法如預期中理想的展現出網路上理性的溝通模式，而網路民主的理性溝通最關鍵點則是在於公眾自我負責的態度上。Baber, Benjamin R.（1997）更直接點出，提升民主的品質與服務，並不能依賴或指望於科技發展的表相品質，主要仍是繫於政治制度的良善與公民社會的成熟心智。

因此，在網路民主下的民主參與，如要達到政治議題能夠經過公共溝通的高度參與及認同，在網路民主下所產生的深思熟慮，或者能夠發揮效能，但前提仍是政治制度的確立與解決（Baber, 1997）。

（5）政治行為、政治參與和政治過程（**Political Behaviors, Participation, and Process**）

網路空間如何促成政治行為的改變？Rheingold（1993）認為，網際網路中資訊的分布與生產的方式逐漸改變，從原有高度中心化的獨裁控制轉移到公民的親身參與。Rheingold（1993）寫道：「電腦中介傳播的政治性意義在於，它挑戰現存政治階層組織於威力傳播媒體上的壟斷，而且可能因此使以公民為基礎的民主復活……這種情況似乎對民主更有助益……。（p.14）」

但是，Rheingold如此樂觀的主張，Katz似乎不認同。Katz認為，數位國家依然是由菁英所掌控的，最後還是會依據菁英的價值觀重新創造出數位國家中的民主政治活動。也許，作為政治活動的新興場域來說，網際網路的世界有可能不是起於一種大眾資源，而是起於科技權力的菁英（轉引自鄭德之，2000）。

另外，在網路政治參與方面，Michael Hauben提出了如前已提及的「網路公民」一詞，認為電腦網路是由一群網路上的公民所組成，並將NET和citizens結合成Netizens一詞，用來形容網際網路使用者的共同特質（黃寶慧，2001）。在此，將Hauben對網路公民的定義作較明確的界定；Hauben認為，要達到成為一個「網路公民」的標準，必須在網路社

群上具備社群參與意識，且對網路發展有貢獻的使用者，其中不包括在網路空間中保持沉默、不參與討論，或僅將網際網路視為一種線上服務提供之工具的使用者觀點（DeLoach, 1996）。

在網路公民的人口特質方面，黃寶慧（2001）的研究中亦顯示出性別、教育程度與職業間的不同。其中，男性網路使用者比起女性更勇於表達自我的意見與需求；而網路公民的教育程度也相當的高；其中，學生則成為網路公民的主力。

至於政治參與的模式，由於資訊科技的進步使得民主的形式由告知式（informing）走向參與式（involving），Hagen（1997）曾提出人民參與政治的形式分類，分別包括：競爭式民主（competitive democracy）、參與式民主（participatory democracy），與對話式民主（discourse or dialogue democracy）。競爭式民主所強調的是，在菁英政治中透過各方面的競爭來獲取資訊；而我們一般所指稱的民主乃是基於兩個前提，一為任何團體的主張都必須被公平地表達，另一為必須盡可能地普及人民參與政治的可能。這樣的民主即是Hagen提出的參與式民主，且參與的前提必須是個人與興趣團體間彼此要有互動。因此，透過人民的參與進行對話可以免除菁英政治（merit-ocratic）所產生的階級不平等。人民最常使用的「對話方式」不外乎是投票，意即市民不僅能夠接觸到相關資訊、有機會與其他市民競爭利益，他們亦能參與政治活動如票選。多數人都同意民主的主要觀念乃在，人們擁有平等的機會去參與政治決策的過程（Hagen, 1997）。

另一方面，如同議題設定學者McCombs & Shaw（1972）所述，議題設定其實是研究政治過程（political process）的一種理論，至於在網路空間中，政治過程如何因新傳播科技的發展而受到影響？在傳統媒體裡所提及的媒體效果，如議題設定、框架理論、預示效果等等，是否在新媒體中展現出另一風貌？在網路政治過程中，新科技又扮演了什麼樣新興的角色？以下就議題設定理論的角度，來探查網路政治活動透過新傳播媒體，

在政治過程中的效果。

2. 議題設定理論之研究

1972年，McCombs & Shaw正式提出了議題設定理論，其基本觀點強調的是，媒介所強調的議題（報導數量、頻率與時間）與閱聽人腦海中認為重要的議題之間，有著正向的關係。而早年的效果研究之所以發現媒介效果有限，主要原因是研究者著重短期、立即的態度與效果，而忽略了媒介對長期、累積性的認知層次效果。由於一般人無法親身接觸所有的政治社會事務，必須依賴媒介提供相關資訊，以做為個人對政治社會事務認知與知識的來源。因此，媒介就有如放大鏡與過濾器，當它特別強調某些議題時，這些議題在大眾心目中的顯著性就會增加，這就是「議題設定效果」（胡幼偉，2002）。

1972年，McCombs & Shaw在《民意季刊》上，針對1968年美國總統大選，發表了「大眾傳播的議題設定功能」；研究中發現，傳播媒介的報導重點，即報導量多寡與版面安排的位置，與受眾腦海中認為重要的題材間有正面增強的關係；而媒介加強報導的題材與事件，也會導致人們腦海中，對這些題材與事件的重視程度。議題設定研究在傳播研究中所代表的是：媒介的角色由「說服者」（persuade），移轉為「告知者」（informer）；由於議題設定研究的盛行，再次引起學者對媒介效果研究的興趣。這種發展趨勢，使得傳播研究的研究興趣，從態度轉變成認知；關注的焦點也從說服性傳播轉移到對媒介過程的好奇；先由議題框架開始發展，延伸到論域空間，再進一步到真實的社會建構；學術興趣也從簡單的行為態度改變，轉移到個人認知層次與意義的建構／再建構的過程（胡幼偉，2002）。

在三十年的發展過程中，議題設定研究加入了「公眾議題」、「媒介議題」、「政策議題」、「議題建構」、「框架」、「預示」、「問題情境」、「誰設定媒介議題」……等等的研究範疇與概念，近來議題設定不

只是研究媒介議題如何影響民眾的認知，而且更進一步研究此種認知是否會影響到政治態度甚至政治行為（蔡美瑛，1995）。

Rogers和Dearing（1988）把議題設定的基本架構加以擴展，認為對議題設定的研究應從原先的「媒介議題設定了公眾議題」，進一步的擴展為「全方位的議題設定過程」，所以對於政策議題、媒介議題與公眾議題的研究，也整合為一完整的「議題設定過程」（Agenda-setting Process），重視政策議題設定、媒介議題設定以及公眾議題設定的研究取向；而在這個複雜的過程中，包含了媒介議題與公眾議題之間的互動，以及時間的影響。

議題設定效果在閱聽人的研究方面大致上可以略分為：閱聽人的人口變項、閱聽人媒介的使用行為，與閱聽人的人際傳播行為。此外，Winter（1981）更進一步的提出「條件情境（contingent condition）」的概念，認為唯有在社會、媒體與個人三方面的大環境互動下，才能更進一步的探討在不同條件情境下，公眾議題受到媒介議題的影響（廖淑伶，1990）。

在議題設定過程中，關於「媒介議題」的研究，主要是著重在媒介內容是否反映的是誰的觀點、社會機構與權力的互動是否會影響媒介內容的呈現、誰設定媒介議題等問題；議題設定理論與民意、框架、認知研究等相結合的結果，使得議題設定理論的層次更加豐富，對於人的社會心理過程也有更進一步的瞭解（胡幼偉，2002）。

而議題設定理論的研究和「使用與滿足理論」、「媒介體系依賴理論」、「組織理論」、「創新傳布」、「兩級傳播」、「樂隊花車效果」、「說服」、「假事件」、「對身處多數意見的無知」以及「沉默螺旋」等研究都有相關性；Reese（1991）指出，媒介議題設定的研究，探究規範與意識型態等問題，已經容納了社會學、心理學甚至人類學的觀點（胡幼偉，2002）。

隨著議題設定理論研究的發展，證明了媒介可以影響閱聽人對議題

「重要性」的認知；大多數關於「議題設定」的概念都是強調媒介的報導重點與受眾腦海中認為重要的題材間呈現正相關；而在1995年，McCombs & Evatt又提出「議題設定第二層次」的理論，說明媒介對議題屬性的強調，也會影響閱聽人對議題屬性的認知。McCombs（1996）解釋，議題設定理論的中心思想是「大眾傳播媒介中的世界圖像的顯著性轉換為我們腦中圖像顯著性，隨著時間的進展，媒介強調的要素會成為公眾議題的重要項目」；議題設定第二層次理論的概念，就是「媒介議題屬性」（新聞報導框架）對於影響「閱聽人對議題認知屬性」（閱聽人框架）的效果。

McCombs & Evatt（1995）在回顧整理議題設定理論的研究結果時發現，每一個「議題」或「事件」本身都具有某些特定的「屬性」（attributes），媒介對這些議題的報導屬性，往往也形塑了閱聽人對這些議題或事件屬性的認知，所以人們看見這個議題或事件時，便會想到這些特定的屬性。由於每一個新聞框架所強調的觀點不同，使得每一則新聞報導也產生屬性上的差異，對閱聽人也產生媒介效果上的差異。這些新聞框架如何影響公眾議題，就是所謂的「議題設定第二面向」（second-dimension of agenda-setting）、或稱「第二層次議題設定」（second-level of agenda-setting）（陳芸芸，1999）。

媒介的議題設定第二層次效果的發現，不僅告訴人們什麼是現在社會最重要的議題，同時它還能告訴人們該從哪些屬性的角度去看待這些議題的意義（McCombs, 1997）。McCombs（1997）指出，對於主體屬性的檢視（examination），有助於我們更細密地探索議題設定顯著性與效果的運作以及民意的形成過程；Takeshita（1997）也認為，議題屬性的研究，可以和傳播研究中有關行為效果的部分相連結（links to behavior outcomes），因為研究議題設定的學者們已經逐漸注意到議題與投票抉擇之間的關聯，議題扮演了媒介認知效果與行為結果之間的橋梁。

McCombs（1997）指出，議題設定第二層次理論不僅研究：媒介能

告訴人們想些什麼（what the public think about），還探索了：媒介能告訴人們如何想（how the public think about it），甚至還能進一步教導人們如何做（what to do about it）。因為除了「對象顯著性」與「公眾議題屬性」的框架效果外，框架也會影響公眾的思維基模，而更進一步地去影響公眾的態度和行為。

根據Noelle-Neumann（1987）等人的說法，新聞報導具有「議題設定」、「聚焦」與「評價」等三種社會功能。其中「聚焦」與「評價」的功能，與「議題設定的第二面向」及「框架」的概念相契合：新聞媒介有如放大鏡，將焦點凝聚在某些事件的角度與面向上，並對於報導採取某種評述立場（如對政府官員施政的正負評價），進而將閱聽人的認知引導在這些層面之上。

由於閱聽人對於社會事件的理解認知，多半必須仰賴媒介提供資訊，因此閱聽人不但透過媒介所設定的框架來看新聞或議題，同時也透過框架來建構自己的世界觀。McCombs（1995）曾言：「新聞媒介對議題報導的顯著度，會影響公眾對議題認知的顯著程度，這是媒介設定第一面向的意涵，而新聞媒介在對這些議題特定屬性的強調（框架），同樣也會影響到這些議題在人們腦海中的圖像，這是議題設定第二面向的內涵所在。」

Takeshita（1997）指出，框架可以做為比較不同議題屬性的基礎，因為他認為框架和議題設定研究，都是在探索媒介定義真實（reality definition）的作用；而Ghanem（1997）也提出，議題「屬性」指的其實就是「觀點」或「框架」，但是兩者最大的不同點在於，框架研究是由新聞媒介產製的觀點來看，著重「媒介想要凸顯的要素」，而議題設定第二層次是由媒介效果來看，注重的是「被媒體凸顯的要素」在閱聽人腦海中「變得顯著」的效果。

綜合這兩種觀點，擴充了傳播研究的豐富度；過去的框架研究多半僅止於分析媒介文本的結構（媒介框架），研究在媒介報導中究竟使用了哪幾種框架或是強調哪種框架，而議題設定第二面向的研究則更進一步，分

析這些框架（也就是媒體顯著性）是否影響到閱聽人的認知（認知框架或心理框架），亦即閱聽人腦海中的顯著性。

再者，議題設定第二層次亦與「預示效果」（Priming Effect）相關。Iyengar和Kinder在1987年研究發現，媒介議題優先順序不但會影響民眾之議題優先順序，而且媒介對新聞議題的報導方式（強調哪些議題的屬性），會影響民眾對於候選人特質與能力的評判標準，他們稱之為「預示效果」。換言之，媒介對於某議題的強調不僅增加了議題的顯著地位，同時也啟動了閱聽人關於這些議題訊息的記憶。這些訊息就時常被用來形容成和議題有關的人、團體和組織意見。

Iyengar和Kinder（1987）認為，由於人的注意力有限，無法注意所有的選舉資訊，因此人們會引用記憶中較顯著的議題或屬性（attributes），做為評估候選人的標準（criteria）。人類面對刺激時，會引用來作為判斷的知識或記憶單元，通常是那些較新的、較容易回想（retrieve）的、近期內曾被啟動或是經常被啟動的單元；而媒體的報導，便是造成議題或是屬性顯著程度較高的機制。

Willnat（1997）指出，這些可以用「資訊接近性」（information accessibility）的概念來解釋。「資訊接近性」由幾個因素決定：（1）頻率（frequency），（2）新近性（recency），（3）先前知識的層次（level of prior knowledge），（4）概念適用性（applicability）。社會認知理論假定個人對政治事務和行動的瞭解，是由認知結構和新資訊交互作用而成；閱聽人對於特定媒介議題暴露的頻率和強度，決定了議題相關概念應用在新資訊上的機會。

由於一般人的認知與記憶容量有限。因此，當媒體訊息的顯著程度較高（強度大；經常被強調）或是一再出現（頻率高；經常被報導）時，「可得性」（availability）或是可接近性（accessibility）較高，較容易進入閱聽人腦海記憶中，也較容易被援引為評估與判斷事物基準。這就是議題設定第二層以及預示效果得以產生的根本因素（陳韻如，1993）。

框架或預示效果都是著眼於媒介報導對於閱聽人認知的影響；而關於閱聽人認知的部分，通常可以用「認知基模」（cognitive schema）來描述。「基模」乃是基於人類經驗的一種知識結構，組織了我們對事物的知覺（perception）；基模是一組概念認知結構，包含了外在刺激（文本）以及刺激間（文本與文本間）的關係，組織個人思考的認知結構，其所根據的基礎就依個人的先前知識（陳韻如，1993）。

　　在議題設定研究的發展下指出，媒介對於候選人或是議題屬性的設定都具有一定程度的影響效果。對選舉而言，媒介的議題設定效果不只限於選舉議題的設定，而且還擴展至候選人「個人屬性」，也就是「候選人形象」的設定，效果已經擴及於「好惡情感」的層次，有可能還會進一步影響到人們的行為（胡幼偉，2002）。

　　議題設定理論的提出，使得傳播研究從媒介無法造成選民短期態度與行為的改變，轉移為媒介與選民「長期認知」改變的研究方向；而結合議題設定第二層次以及框架、預示效果的理論，使我們瞭解，媒介不但能藉由設定議題，影響公眾對議題顯著性的單純認知，還能影響公眾「看議題的觀點」，影響公眾對於議題或被報導主體的好惡評價，甚至「預示」公眾對某些議題的看法與關注，進而對行為產生影響（陳韻如，1993）。

3. 網路使用和網路議題設定效果

　　議題設定理論在網際網路中又是如何展現？曾經有學者提出，當愈來愈多的人民在網路上聚集，對某一政治人物或某一時事議題發表言論或者表態時，其對現實政治的影響力也就愈來愈大，那些政治人物和政策執行者也就不得不對這樣的一股網路上的力量加以重視。透過網路，使監督政府的權力重新回到人民的手中，讓人民自己決定自己所要的政策與建設（鄭德之，2000）。

　　沈慧聲等人（2001）在一項對網路新聞群組的研究中，認為在臺灣傳統三大報在議題的偏好與選定上，仍舊有各自偏好的題材與掌握，而網

路群組就提供了另一個較為開放的空間。但網路新聞群組的使用者，亦是有背景與偏好的選擇差異與特點[3]，這些都能從不同的群組與言論中觀察得知。

洪懿妍（1997）以交大資科BBS站為例，研究網路使用者對電子報的認知圖像，研究結果指出，目前接觸電子報或網路愈頻繁的閱聽人，對電子報內容的評價卻愈低，因此，如何改進電子報的內容以吸引更多的讀者，實在值得研發者深思。此外，受訪者中非電子報讀者對電子報的認知評價高於電子報讀者，高評價或許正因為他們對電子報持有較高的期望，而如何使電子報在網際網路上呈現的型態能符合閱聽人的期望，也是值得電子報業者注意的。

由於不同媒介的傳播形態和閱聽人接收的模式，也產生了不同議題設定的效果，例如電視與報紙的議題設定效果，有研究結果顯示，報紙對於高教育程度，以及全國性的議題較具有議題設定的效果；電視的議題設定效果則較展現於低教育程度者，以及地方性的的議題報導（韓智先，2000）。

然而，近年來網際網路的發展與普及，尤其是在網際網路中討論區功能的研究陸續興起，也引發了網路中議題設定效果的再討論。網路媒體究竟有無議題設定的效果？

在臺灣的相關研究中，韓智先（2000）分析網路討論區的議題設定效果，研究結果顯示，網路使用者與網路內容互動的情形，與閱聽人收看

---

3 沈慧聲等（2001），《網路新聞群組與政策議題形成互動之研究》：行政院研究發展考核會委託研究報告，pp.152-160。摘要：目前臺灣地區有13萬8千位新聞討論群組使用者，約占臺灣網路人口總數的3%。這些使用者多數住在北部都會區，其中四成三的人住在臺北縣市，男女比例約為六比四。使用者年齡層偏高，五成三的使用者年齡在26歲以上。近四成六的使用者個人月收入，超過25,000以上。新聞討論群組使用者除了背景的差異之外，其瀏覽網站的活動，也有特殊之處。他們傾向為特定目的、特定興趣上網，與非新聞討論群組使用者到處晃逛，恣意瀏覽的模式，有著明顯的差距。

電視、或閱讀報紙的接收方式有很大的落差，網路仍然有議題設定的效果，並且由於兼具大眾傳播媒介與人際傳播的特質，在網路上的確存在著兩級傳播的過程。換句話說，在網際網路的虛擬世界中仍舊存有與一般媒體相同的議題設定效果，並且由於兼具大眾媒介與人際傳播的特性，網路上的確存在兩級傳播過程，由於兼具大眾傳播與人際傳播優勢的網際網路中，具更強而有力的影響力。韓智先（2000）更進一步的探討，是誰設定了議題？大眾傳播媒介？意見領袖？網路管理者？還是所有的網路使用者共同產製？

此外，蔡秀菲（1998）探討了電子布告欄的中的議題設定效果，以議題設定理論爲基礎，探討BBS中，媒介議題和公眾與個人議題之間的關聯性，以及傳統理論在新興媒介中的適用性。該研究發現，BBS媒介的議題出現愈多，則愈有議題設定的效果，也就是媒介議題和個人議題間確有其關聯性；另外，閱聽人的媒介使用率高低，也會影響議題設定的效果。

以過去相關的研究作爲利基點，本文將議題設定理論的效果運用在分析網路新聞的產製過程，以及內容呈現上對社會層面的影響。在入口網站網路新聞的選擇方面，要討論議題設定的功能免不了要討論到守門的過程，經由守門人的選擇所產製出具有意義的新聞內容，並對新聞內容進行編排與修改動作等等。守門是任何媒體產製媒體內容重要的關卡之一，以下就守門人理論的回顧分析網路新聞守門過程對議題設定效果的潛在影響。

4. 網路新聞的新聞室控制與守門人理論

守門（Gatekeeping）的概念，最早是由社會心理學家Kurt Lewin提出，David White則將之引用到研究組織，最早的研究焦點則是擺在媒介中「誰」是「守門人」，並指出電訊室編輯的工作過程中有權力決定最後的新聞取捨，成爲眞正具有守門人的資格（劉從哲，2002）。

但是，後續的研究則指出，研究守門人並不能以「純粹的個人」作爲

單一的研究對象，最重要的是「組織化的個人」，亦即個人如何受到組織的影響，尤其是在截稿時間壓力下、編輯政策前提下、還有科層的組織工作分配等等（Bass, 1969）。在Gieber（1994）的研究結果則顯示，在新聞產製的過程中，最具有決定的關鍵性因素並非個人的價值判斷或新聞價值，而是新聞組織內的種種壓力。守門人的定義因此從最早先的電訊室編輯，發展到記者、改寫人、新聞工作室內的各層級負責人，甚至於包括讀者和消息來源等。Bailey & Lichty（1972）更直接的指出：「組織才是真正的守門人」。

守門的過程又如何展現在網路媒體上？項靖（1999）認為，網際網路上的開放空間隱含了去除中介以及守門的過程，使對話機制處於平等的基礎之上。但是傳統媒體上的守門過程真的消失了嗎？還是僅止於被隱藏在更大的利益團體的背後，而不被得知呢？守門的過程可以說是十分的複雜，不但牽涉到層層的關卡，還包含了守門的個人層次與巨觀的層次，例如媒體組織的決策。我們不可否認的是，新科技的興起也帶動了新的菁英，藉由對新科技的知能與運用新科技的技巧來獲得更大的權力。

黃寶慧（2001）試圖從市府機關網站中的網頁建置功能，探索網站政府與網路公民之間的現況，研究結果顯示出，訊息告知的資訊內容陳設仍以「管理者」的角度出發，而非從使用者的觀點來考量網路公民瀏覽網站的需求。換句話說，雖然目前網際網路的溝通互動功能是受到肯定的，但是管理者的思維仍然受到傳統傳播模式的限制，尚未脫離單向告知的角色，管理者的守門過程成了影響網站建置的重要角色之一。

5. 文獻探討小結與本研究之方向

許多學者認為，網路民主的最終理想是實踐古希臘的直接民主政治模式，透過電腦中介傳播使民眾得以參與公共事務的討論。White（1997）和Hacker（1996）均認為，要達到網路民主的理想，必須使參與政治對話的機制更加的容易，更重要的是必須包含了理性對話的內容，使民眾更貼

近政府，延伸辯論的範圍，進而解除民眾接觸政治的種種障礙。

孫秀蕙（1997）在「如何研究網路傳播」一文中，整理出三個對於網路的觀點。分別為建立網路公民的溝通意識是必須深切思考的、網路的成功性在於資訊的即時性與互動效果與網路提供豐富的文本作為文本分析的素材（孫秀蕙，1997：1-6）。孫秀蕙的論述點出了進一步的思考，在科技形式的數位民主下，網路本身的特性必須加以掌握、研究與推廣，以期能形成人民與政府之間形成良好的溝通管道，形成一個有效的慣性運作機制。此點在網路科技與民主政治的發展上，仍然是一個演進中的進行式，在世界各國的政治制度裡，或許仍未形成一個基本雛形。

整合了網路政治、議題設定理論與守門人理論的再探，網路新聞產製的過程中，如何再現出議題設定的效果？而網路政治又如何在網路新聞議題設定中呈現出影響力等等？都將成為本文中的研究焦點。

6

第 6 章 ▶▶▶

網路議題設定之探索性研究

一、本研究指涉之概念及專有名詞的定義（Definitions of Concepts and Te]ms）

相似於大部分議題設定文獻（Dearing & Rogers, 1996; McCombs & Shaw, 1972, 1977; McLeod, Becker, & Byrnes, 1974; Wanta, 1991; Weaver, 1977）而加以修正以符新傳播媒體研究，本研究作者對於「網路議題設定」（E-Agenda-setting）的定義是：介於論題倡議者之間，對爭取議題顯著性的一種競爭態勢，並嘗試透過網路新聞所呈現出的此種議題顯著性，吸引新媒體專業人員、一般公眾、政治菁英的注意。（The E-Agenda-setting is defined as an ongoing contention for agenda salience among issue proponents to gain attention from new media professionals, the public, and political elites through the Internet news.）

至於本計劃案所指涉網路議題設定的「議題擴張效果」（Agenda Expanding Effects）則意謂：傳統大眾傳媒（如報紙、電視）在現今網路時代中，其新聞的議題設定功能已藉由網路新媒體，以編輯、內容合作、電子報成立、或議題的溢散（spillover）等方式，擴散至不同的閱聽大眾。這種網路

的「議題擴張效果」，或許適切地填補了傳統大眾傳媒日趨下降的影響力，甚至穿透了e世代分眾的媒介使用族群，使得大眾媒體的「議題設定功能」得以在資訊超媒體（hyper media）時代中，以新的運作形式和影響過程繼續存在著。

另一方面，如果是網路新媒體論壇或者任何公眾討論的場域（例如「批踢踢」PTT等）所形成的議題，反過來透過傳統主流媒體報導而引起反向的議題設定功能，則稱為「議題溢散效果」（Agenda Spill-over Ef-fects）。但是本研究因目前人力與資源有限，暫時先集中進行「議題擴張效果」的實證研究，待日後再進一步蒐集「議題溢散效果」的實證資料進行分析。

在必要的概念解釋中，除了以上的網路議題設定的定義之外，以下數個概念及名詞也必須予以明確界定。根據Cobb & Elder（1983），所謂「論題」（Issue）是指「一種介於二個或以上無法明確辨識的團體，對於與地位（positions）和資源（resources）分配有關的過程或實質的事物，所引起的衝突（conflict）（p. 32）。」易言之，一個論題是永遠處於競爭狀態（contention）的（Lang & Lang, 1981）。這種論題自然存在的一體兩面，對於一個論題為何以及如何具有成長期和衰退期提供了重要的解釋。

至於「議題」（Agenda）（或者譯為「議程」更不易與「論題」Issue混淆？）則是指在特定的時間當中，一組論題在傳播和討論的過程裡，所具有的重要性排序（hierarchy of importance）。根據Cobb & Elder（1983）的說法，「議題」在政治上的定義是指「一系列的政治爭論，這種爭論將會在當時，被視為引起政府注意的正當性考量所應該具有的範圍（the range of legitimate concerns）（p. 14）。」

在議題設定的過程當中，所謂的「論題倡議者」（Issue proponents）是指，個人、團體、或者組織想要運用大眾媒體或者其他各種方式，想要引起社會大眾對於其所關心的特定論題之注意，以使得該事件在議題的排

序上攀升到比較重要的位置。

然而一組論題在議題設定的競爭當中,「顯著性」(Salience)是其中的關鍵。所謂的「顯著性」,根據Dearing & Rogers(1996)的定義,是指「一個特定的論題在議題當中所擁有的相對重要性的程度(p. 8)。」

議題設定的相關研究,如果以被研究的因變數(dependent variable)而言,大致上可以分類為媒體議題研究、公眾議題研究、以及政策議題研究三種(Dearing & Rogers, 1996)。這三種不同的研究取向,可能牽涉到是何種議題設定了何種議題的因果關係(causal relationships)之爭論。本研究作為一個議題設定在新傳播媒體上的初探性研究,不擬討論此種較為深層複雜的因果關係;就另一方面而言,McCombs & Shaw 最早的Chapel Hill Study和大部分議題設定的文獻都可以歸類為公眾議題研究的取向,這種研究取向主要關心公眾議題是如何被設定的,比如說媒體議題作為前置變數,進而影響公眾議題,亦即假設(presume)媒體議題設定了公眾議題,許多議題設定的後續研究者,也對這種假設提出了實證。本研究將遵循這種議題設定的研究取向。

二、本計劃案之「研究問題」和「網路議題設定的假設」(Research Questions and Hypotheses of E-Agenda-setting of the Study)

本計劃案擬嘗試瞭解下列研究問題:

1. 透過網路虛擬空間,網路新聞是否亦具有議題設定的功能?
2. 如果此種功能確實存在,一個完整的「網路議題設定過程」又為何?
3. 在這樣的網路議題設定過程當中,是否存在著由傳統主流大眾媒介流向網路新媒體的「議題擴張效果」?
4. 這樣的議題設定功能,對於網路使用者而言,又產生了何種效果?

5. 網路使用者所認知的公眾議題，又透過了哪些重要變數而受到影響？

6. 網路議題設定功能，對於未來學術和實務界而言，又有什麼樣的啓發？後續的研究又該如何進行？

　　回顧議題設定相關文獻的重要發現，在議題設定的過程當中，許多變數的存在著重要的影響，Winter（1981）稱之爲議題設定的相關條件（contingent conditions），Dearing & Rogers（1996）則視之爲預測公眾議題的中介變數（intervening variables）。這些重要的變數包括：1.媒介屬性：（1）議題性質，（2）媒介對於議題報導時間的長短，（3）議題的地理接近性，（4）訊息來源的可信度高低，（5）媒介的影響力；2.閱聽人特性：（1）媒介暴露，（2）人際討論，（3）人口特徵，（4）人格特質，（5）需要引導的需求（翁秀琪，2000）。

　　以上諸多重要變數中，Dearing & Rogers（1996）歸納出在文獻上被證明是具有相當影響力的數項變數。例如：閱聽大眾的社會經濟特質（Socioeconomic characteristics）、個人的親身經驗（Personal experiences）、媒介暴露（Media exposure）、訊息來源的可信度（Source or channel credibility）、人際討論（Interpersonal discussions），以及需要引導的需求（Need for orientation）等。

　　除了以上的各種重要變數之外，本研究參考政治過程、政治傳播和電腦中介傳播研究的相關文獻（Pfau & Burgoon, 1988; Lin & Pfau, 2002; Lin, 2002），以及配合本研究情境的2004年臺灣總統大選可能具有之特性，考慮加入政黨屬性（Party identification），以及科技熟稔度（Technoproficiency）等不同於傳統議題設定研究的變數，共同架構本研究對於網路議題設定的各項假設，詳細討論如下。

　　McCombs & Shaw（1972）最初的主要研究發現了媒介議題中的論題重要性排序，確實影響了公眾議題中論題的重要性排序，在McCombs

& Shaw（1972）的研究之後，與議題設定有關的92篇研究當中，共有59篇，大約三分之二的研究，證實了媒介議題—公眾議題之間的關係，也就是媒介議題設定了公眾議題（文獻總體研究截至1992年，Dearing & Rogers, 1996）。

議題設定理論的另一個傳統，Funhouser（1973）的全國性樣本研究，對於1960年代美國的議題分析後指出，公眾議題確實是由大眾媒介所呈現的議題所設定的。MacKuen（1981）以時間序列的方式，針對八種不同的論題進行研究，也確定了其中媒介議題公眾議題之間的因果關係。

除了調查研究方法之外，另一個著名的以實驗法完成的議題設定研究（Iyengar & Kinder, 1987），在實驗室的控制之下，受測者所認知的公眾議題確是受到了媒介的議題作爲前置因素的影響。另一方面，Brosius & Kepplinger（1990）議題設定的縱貫研究，針對德國境內的16個論題，作長時間的追蹤分析，再次確認了媒介議題設定了公眾議題的因果關係。因此，透過不同的研究方法設計和操作，以上的各種研究都有相同的結論：大眾媒介的議題確實具有設定公眾議題的功能。

以上的各種議題設定的研究，對於大眾媒介的研究標的均是以報紙或者電視媒體爲主，本研究的媒介標的則是以「網際網路」爲主。在網路的虛擬空間中，網路使用者可以用不同的方式，透過不同的虛擬管道，搜尋以及獲得他們所想要的，對於特定議題的知識和訊息；或者，和傳統的大眾媒介不同，因爲高互動性（interactivity）的特色，網路使用者可以更容易地參與和該特定議題有關的各種活動。例如：網路使用者可以擁有的選擇和管道包括：網際網路入口網站（Internet portals）、網路電子報（E-Newspapers）、報紙全球資訊網網站（Newspapers' WWW web-pages）、電視臺全球資訊網網站（TVs' WWW web-pages）、廣播電臺全球資訊網網站（Radios' WWW web-pages）、聊天室（Chat rooms）、BBS（Bulletin Board System）、新聞族群（News groups）、新聞電子名單（News lists）、特定的網路虛擬族群俱樂部（Various Internet families, groups, or clubs）等。

　　就本研究作者目前蒐集之文獻所知，國內、甚至國外文獻均無直接探討「入口網站新聞」的議題議定功能。但在臺灣的相關文獻中，有一份研究（韓智先，2000）則分析網路「討論區」的議題設定效果，結果顯示，網路使用者與網路內容互動的情形，與閱聽人收看電視、或閱讀報紙的接收方式有很大的落差，網路仍然有議題設定的效果，並且由於兼具大眾傳播媒介與人際傳播的特質，在網路上的確存在著兩級傳播的過程。另一研究（蔡秀菲，1998）則探討了「BBS電子布告欄」中的議題設定效果，以議題設定理論為基礎，探討BBS中，媒介議題和公眾與個人議題之間的關聯性，以及傳統理論在新興媒介中的適用性。

　　但是，以聊天室或者BBS作為標的之新傳播媒體議題設定研究，可能產生一些問題，例如：就研究可以涵蓋的網路使用者人口比例而言，聊天室或者BBS並非目前網際網路的主流。根據行政院研究發展考核委員會的研究報告指出（委託王石番等人，2000），在全臺灣地區網路使用者中，將近八成的人都是透過「入口網站」瀏覽全球資訊網。而且，有超過六成的使用者，從來沒有使用過BBS；就算在使用過BBS的人口（僅占全體網路使用者的37%）中有進入過討論區的使用者，最常瀏覽的討論區也是以休閒娛樂的類型為較多數（占所有BBS人口的45%），再者，使用過新聞族群的人口比例更低，僅占全體上網人口中的20.6%。

　　大部分議題設定研究情境，均為政策、選舉，或與大眾公益有關的議題，而本研究的情境亦為2005年立委選舉，因此，以聊天室或者BBS作為研究標的可能具有不符合人口比例原則和議題內容等多重疑慮。而且，入口網站成為最大部分使用者進入網路虛擬空間的大門，以目前而言，幾乎已成為普遍的現象，包括臺灣和有「網路母國」之稱的美國皆然（資策會ECRC-FIND，2002）。

　　再者，本研究承襲議題設定McCombs & Shaw的研究取向，將研究的重點放在大眾媒介訊息所呈現的媒介議題對於公眾議題的直接影響，而

將人際討論（interpersonal discussions）置於相關條件（contingent conditions）當中。至於Weimann & Brosius（1994）所提出的「議題設定的兩級傳播過程」（Two-step flow of the Agenda-setting），在網路的虛擬空間中，應該是存在的，但是，出現在互動性較強的聊天室和BBS等空間形式的可能性較大，但基於以上所討論的網路使用者人口比例原則和議題內容等問題，暫時不擬納入本研究的範疇當中。

綜合以上對於傳統議題設定研究和新傳播媒體特性的討論，本研究所提出的第一個研究假設是：

H 1：**網路入口網站新聞所呈現的媒體議題（Media Agenda）與網路使用者的公眾議題（Public Agenda）在其重要性排序上具有正相關（稱之為：「網路議題設定功能E-Agenda-setting Function」）。**

本計劃案亦進行新傳播媒體（網路）和傳統媒體（報紙及電視）之比較，以交叉檢驗的方式，進一步確認網路議題設定的效果，以及詳細釐清網路議題設定和傳統媒體議題設定效果之間的交互關係（interaction effects）。而此種交互關係，本計劃案認為，應是以傳統大眾媒體在「議題設定功能」上，對網路新媒體的「議題擴張效果」的模式存在著。

如前所述，本計劃案指涉的網路議題設定的「議題擴張效果」（Agenda Expanding Effects）意謂：傳統大眾傳媒（如報紙、電視）在現今網路時代中，其新聞的議題設定功能已藉由網路新媒體，以編輯、內容合作、電子報成立、或議題的溢散（spillover）等方式，擴散至不同的閱聽大眾。

這種網路的「議題擴張效果」，或許適切地填補了傳統大眾傳媒日趨下降的影響力，甚至穿透了e世代分眾的媒介使用族群，使得大眾媒體的「議題設定功能」得以在資訊超媒體（hyper media）時代中，以新的運作形式和影響過程繼續存在著。

在純粹由網路虛擬媒體所獨力採訪、編輯、製版、發刊的嘗試暫告中止後（如《明日報》），目前全球大部分的網路新聞模式至少分為兩大類：一是結合了傳統大眾媒體（報紙、電視和廣播）的該公司的網路電子報，此模式純然為傳統傳媒在網路上的延伸；第二種模式則是各大入口網站的網路新聞服務，後者的點閱率較高，影響層面的廣度也較大。

因為各大入口網站所提供的各項服務十分多元且龐雜，而其主要獲利來源也並非來自於新聞提供，因此，目前各大入口網站新聞的實際運作狀況，乃因人力、資源和時間的限制，其新聞服務的內容均是透過和各大傳統媒體、新聞通訊社或是電子報以簽約的方式進行新聞交換。

不過由於入口網站的新聞提供來源眾多，而各家來源媒體下標題的方式和原則也不盡相同，所以入口網站新聞編輯也必須扮演起「第二層次的守門人」（The second-level gatekeepers）角色（第一層次的守門人為傳統大眾媒體或是電子報的新聞室）。

就本企畫案所進行的Pilot Study蒐集到的資料顯示，各大入口網站在人力資源充裕時，會有專責人員隨時針對新進的新聞進行更新的動作，並會以各大報和各大媒體的頭版及重大新聞為更新的首要原則，此即為主流媒體（現今仍以報紙、電視為主）議題的擴張（expanding）現象。但無論如何，入口網站的新聞更新每日至少有兩次，分別配合早報和晚報的出刊時間。

因此，除了以上的簽約編輯模式極可能會將傳統大眾媒體的議題設定功能轉化為網路的影響之外，各大入口網站新聞室的「第二層次的守門人」，在參酌新聞價值和重大新聞事件時，亦受制約於傳統大眾媒體或其電子報、新聞通訊社等「第一層次守門機制」。

綜合以上分析，本研究擬以實證資料測試以下研究假設：

H2：網路「入口網站的媒體議題」（Internet Media Agenda）與「傳統
　　大眾傳媒的媒體議題」（Traditional Media Agenda）在其重要性排
　　序上具有正相關（稱之為：「議題擴張效果Agenda Expanding Ef-
　　fects」）。

　　此種守門機制的互相影響、編輯簽約模式造成的新聞內容交換、以及
主流媒體議題擴張現象等多重變因所造成的網路議題擴張效果，要深入探
究其成因和過程，並非量化方法可蹴其功，必須配合質化的方法才可窺其
全貌。因此，本計劃案在多元研究方法的設計中，除了測量以上研究假設
二（H2）的內容分析法和調查研究法以外，並將以深度訪談法，由入口
網站新聞室的核心，針對此種議題擴張效果進行更深入的剖析（詳見研究
方法部分）。

　　另外，議題設定的研究當中，相當重要的一個中介變項是「媒體來源
的可信度」（source credibility），而「媒體來源的可信度」是定義為，
「閱聽大眾對於接受的新聞來源，認為其是可信賴的以及具有專業勝任
能力的（Dearing & Rogers, 1996, p. 51）。」許多議題設定的研究都認
為，媒體來源的可信度愈高，閱聽大眾愈會接受該媒體訊息對於特定的議
題的重要性排序，也就是媒體議題設定的功能會愈強（McCombs, 1977;
Palmgreen & Clark, 1977; Wanta & Hu, 1994; Winter, 1981）。

　　但是，對於本研究的新傳播媒體而言，媒介來源的可信度在操作上可
能存在著特殊的問題。本研究作者認為，網路媒體來源的可信度至少可有
內外兩個不同面向：「外在面向」（external dimension）是網路和其他傳
統媒體（報紙和電視）比較的可信度分析，另一「內在面向」（internal
dimension）是指入口網站所呈現的各種不同的交換或簽約媒體的可信度
分析。後者是產生方法學上困擾的來源。

　　例如：就一般傳統媒體而言，媒體來源很容易辨認，閱聽大眾所閱讀
或收看的媒體，就代表著該訊息的來源；不過，在網路入口網站的新聞訊

息而言，因爲入口網站和各電子報或其他新聞單位均有簽約和新聞交換，新聞訊息的來源常常不甚明顯，更進一步說，網路使用者在單一的入口網站（例如：Yahoo/Kimo.com.tw）所瀏覽到的新聞，往往包含了各種新聞來源（例如：中時電子報、聯合新聞網、中央社、民視等等）。若要謹慎將每一合作媒體之可信度作分析，在測量工具的操作化上可能工程極爲浩大，例如：必須要在問卷的設計和媒體來源的可信度操作化當中，特別加入受訪者是否分辨出網路入口網站新聞來源的不同、各種不同來源的可信度認知，以及不同的來源可信度對於網路議題設定可能的影響爲何等測量。

　　本研究因定位爲一探索性研究，旨在發掘初探性的網路議題設定效果，所以將先處理以上所述的網路媒體「外在面向」的可信度分析，以及此種網路媒體的可信度對於網路新聞的議題設定效果影響爲何；對於網路媒體「內在面向」的可信度分析，本研究作者寄望在未來後續的相關研究當中，能夠加以進一步剖析。就目前的研究，針對媒介來源的可信度對於媒介議題和公眾議題的關係做的假設如下：

H 3：網路使用者認爲網路媒體的相對可信度愈高，網路新聞所呈現的媒介議題，對於該使用者所認知的公眾議題設定效果愈強。

　　在議題設定的研究當中，閱聽大眾的媒體暴露程度（the degree of media exposure）或者稱爲媒體使用量，被證明和媒體議題設定的影響有正相關，有許多的研究實證結果都支持這樣的看法，比如：Weaver, McCombs, & Spellman（1975）、Shaw & Clemmer（1977）、Mullins（1977），和Wanta & Hu（1994）。換句話說，在本研究的情境之下，網路使用者的上網時間愈長，或者瀏覽網路入口網站的時間愈長，網路新聞對於該使用者所認知的公眾議題，比較其他瀏覽網路時間較短的使用者，應該造成更大的影響。因此，本研究的第四假設是：

H 4：網路使用者瀏覽網站的時間（Media Exposure）愈長，網路新聞的議題，對於該使用者所認知的公眾議題設定效果愈大。

　　在議題設定的文獻當中，對於媒介議題與公眾議題之間的關係，最被廣爲研究的中介變項之一，便是閱聽大眾進行對於特定新聞議題相關的人際討論（personal discussions）。依照傳播有限論和親身影響的研究（例如Larzasfeld），人際討論透過意見領袖（opinion leaders）的過濾，似乎會削弱大眾媒介訊息對於個人的影響。但是，許多議題設定的學者認爲，對於特定新聞事件有關的人際討論，不但不會削弱媒介議題對於公眾議題的影響，反而具有加強（reinforce）的效果。例如：Wanta & Wu（1992）分析了伊利諾州電視和報紙議題對於一般大眾的公眾議題認知的影響，他們發現，人際傳播的作用能夠加強媒介議題對於該新聞有關的公眾議題的設定效果。當此種人際傳播轉移討論其他的議題時，人際傳播就會干擾媒介議題對於特定新聞事件的設定影響。所以，本研究將測試以下的假設：

H 5：對於特定新聞有關的網路人際討論（Interpersonal Discussions）愈多，與該特定新聞相關的網路新聞議題設定的效果愈強。

　　Weaver（1975; 1977）在諸多的議題設定效果研究中，特別提出了「需要引導的需求」（Need for Orientation），認爲閱聽大眾在現代社會當中，具有要去瞭解和控制他們周遭環境各種資訊的需求。尤其是當個人感受到對於特定的事件有高度的不確定感的時候，在個人需要引導的需求愈高，而這樣的資訊需求，往往是透過大眾媒體來獲得滿足，以減少他們對於該特定事件的不確定感。易言之，閱聽大眾的需要引導需求愈高，媒體的議題設定效果將會愈強。

　　在資訊社會當中，網路已經成爲許多民眾搜尋相關資訊最常使用的管道之一，根據行政院研究發展考核委員會的調查（2000）指出，臺灣

地區網路使用人口中，有將近八成（78.5%）的使用者認為網路在尋找資料，瞭解最新消息方面是最佳的管道。本研究認為，在網路使用者對於特定新聞事件具有需要引導的需求時，因為其本身已有網路使用的習慣，在認知上，大部分使用者又認為網路是搜尋特定新聞事件最快速且便利的管道之一，因此，以下的假設可能有被檢驗的必要：

H 6：網路使用者對於特定新聞議題的「需要引導的需求」（Need for Orientation）愈高，網路新聞對於與該特定新聞議題有關的公眾議題設定效果愈強。

就人口變項而言，議題設定的相關文獻指出（Wanta, 1997），教育程度愈高的民眾，比教育程度較低的民眾更容易瞭解新聞議題的涵義，所以較善於近用媒體，較能瞭解媒介訊息所要傳達的顯著性，因此，較強的媒體議題設定效果因此而產生。在許多議題設定的研究當中，人口變項的操作相當多元，舉凡居住地區、種族、收入、性別等均有討論，但是總體而言，達到顯著性的結果卻眾說紛紜。其中，僅有教育程度是一般研究普遍認為對於議題設定效果具有一致性（consistent）和信度（reliable）的影響，所以本研究在人口變項的選擇上，將僅檢驗教育程度：

H 7：網路使用者的教育程度（Education）愈高，網路新聞的媒體議題對於該使用者的公眾議題設定效果愈強。

可能對媒體議題設定具有凌駕（override）效果的重要變數之一，是閱聽大眾對於特定新聞事件的親身經驗（Personal Experiences）（Dearing & Rogers, 1996; Zucker, 1978）。如果閱聽大眾對於某一個特定的事件具有親身或直接的經驗，例如正在失業的人，對於失業問題的感受可能特別的強烈，這時，該閱聽大眾此種親身經驗，可能會超過了媒體原先應有的

議題設定效果。然而，對於大部分的新聞事件而言，具有直接親身經歷的
閱聽大眾一般來說均是相對少數，因此媒體議題對於公眾議題的設定效
果，在大部分的新聞事件仍然具有一定的影響力。

H8：網路使用者對於特定新聞事件的親身經驗（Personal Experiences）
　　愈多，該新聞事件媒體議題對於該使用者所認知的公眾議題設定效
　　果愈低。

　　除了以上議題設定文獻中較常被檢驗的變數之外，本研究參考政治
過程、政治傳播和電腦中介傳播研究的相關文獻（Pfau & Burgoon, 1988;
Lin & Pfau, 2002; Lin, 2002），以及配合本研究情境的2004年臺灣總統大
選可能具有之特性，考慮加入政黨屬性（Party identification），以及科技
熟稔度（Techno-proficiency）等不同於傳統議題設定研究的變數。

　　傳統的議題設定研究經常將政治興趣（Political Interests）當做是中
介變項之一。不過，網路使用者所指涉的政治興趣可能十分廣泛且概念較
爲模糊，美國密西根學派（The Michigan School）的政治社會心理學理論
（Socio-Psychological Theory），則是將政黨屬性（Party Identification）
列爲影響公民的政治行爲和選舉決策的重要因素之一，許多相關研究也證
實了這樣的結論（Pfau & Burgoon, 1988）。另一方面，許多研究臺灣選
舉和政治行爲與媒介訊息交互作用的文獻顯示，總統大選時，選民的政黨
屬性往往在其選舉態度和行爲，以及其對於特定的公共議題和政策上的認
知，具有關鍵性的影響力（Lin, 2000; 2002）。因爲本研究的情境爲2004
年總統大選，考量可能浮出檯面的候選人均和目前三大政黨（民進黨、國
民黨、親民黨）有密切的關係，因此選民的政黨屬性（認同特定政黨和中
立選民均將列入不同分類）應該是比較爲廣泛的政治興趣更具有預測媒介
議題設定的效果。

H 9：網路使用者的政黨屬性（Political Identification）愈高，網路新聞的
媒介議題對於該使用者所認知的公眾議題設定效果愈強。

和傳統媒體不同，在新傳播媒體的研究當中，使用者對於科技的駕馭
能力和熟悉度，本研究作者稱之為「科技熟稔度」（Technological Profi-
ciency），經常對於新傳播媒體（例如網路）所產生的效果具有相當程度
的影響力。比如：在數位落差（Digital Divide）的研究（Gattiker, 2001）
當中，得以使用科技的能力，包含了具有經濟能力「近用」（get access
to）新傳播科技媒體，也包含瞭解與具有科技駕馭的能力。得以使用科技
的能力愈強的民眾，相較於能力較低的人，經過了特定的時間，愈容易產
生數位落差。

從另一個角度而言，網路使用者的科技熟稔度愈高，相對於熟稔度較
低的使用者而言，其網路近用性可能愈高，網路使用也應更具有廣度及深
度，對於特定的新聞事件，更有可能利用網路新聞搜尋所欲知的資訊，因
此更容易受到網路新聞媒體議題設定的顯著性影響。所以，本研究發展出
以下的假設：

H 10：網路使用者的科技熟稔度（Technological Proficiency）愈高，網路
新聞的媒介議題，對於該使用者所認知的公眾議題設定效果愈強。

三、本研究案之研究架構（Study Framework）

綜合以上各研究假設之論述，本計劃案對於網路議題設定過程的研究
架構，擬以圖表（圖6-1）呈現如下，至於過程中的各部分詳細的研究方
法和測量設計，於下一部分的研究方法中將作更進一步的說明：

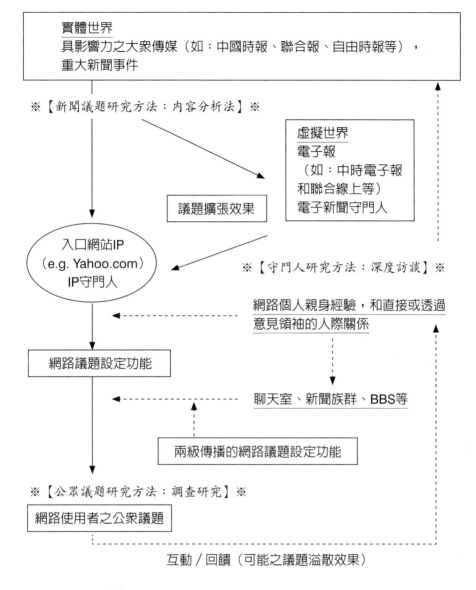

實體世界
具影響力之大眾傳媒（如：中國時報、聯合報、自由時報等），
重大新聞事件

※【新聞議題研究方法：內容分析法】※

虛擬世界
電子報
（如：中時電子報
和聯合線上等）
電子新聞守門人

議題擴張效果

入口網站IP
（e.g. Yahoo.com）
IP守門人

※【守門人研究方法：深度訪談】※

網路個人親身經驗，和直接或透過
意見領袖的人際關係

網路議題設定功能

聊天室、新聞族群、BBS等

兩級傳播的網路議題設定功能

※【公眾議題研究方法：調查研究】※

網路使用者之公眾議題

互動／回饋（可能之議題溢散效果）

註：本圖為本研究作者整理。
　　──▶ 表示本研究進行之直接測量；
　- - -▶ 表示網路人際影響部分，本研究暫未進行測量

圖6-1　本研究之研究架構

■研究方法之設計與執行

（一）多元研究方法之選擇（Multi-method Approach）

本計劃案採用多元研究方法的設計，包括了內容分析法、調查研究和深度訪談。採用此種研究設計的原因，一方面是因為本研究為一探索性研究（exploratory research），研究標的又是新傳播媒體，因此研究方法嘗試綜合傳統議題設定和新傳播媒體研究的測量方法。另一方面，許多議題設定理論的研究者指出，多元研究方法的設計，對於未來議題設定的研究是有幫助的（Dearing & Rogers, 1996）。

多元研究方法嘗試結合不同的資料蒐集法，以有系統的資料探索過程，達到結果更為多元完善的目的。多元研究方法的設計至少包括兩種取向：互補式多元研究方法（Complementary multi-method approach）和集中式多元研究方法（Focused multi-method approach）。其中，互補式多元研究方法採用多種研究方法蒐集不同的，但是相互與研究問題關聯的資料，彼此做交叉和整合的研究，此方法較為適合本研究希望探究新傳播媒體議題設定功能完整過程上之需要。本計劃案的多元研究方法包括：

1. 剖析媒介議題的「內容分析法」（content analysis），分析同一時段「網路入口網站」和「傳統大眾媒體」新聞的議題，除瞭解「網路議題設定功能」是否存在外，並交叉比對，檢驗傳統大眾媒體和網路新媒體間，是否存在「議題擴張效果」。

2. 測量公眾議題的「民意調查法」（public opinion poll）；至於民意調查的方法，為求適合新傳播媒體特性，相較於傳統議題設定文獻，擬進行較為創新的研究方法，例如嘗試瞭解網路使用者公眾議題的網路調查法（Internet survey），網路調查法是在成本和時效上頗具優勢的調查法之一。

3. 以「深度訪談法」（in-depth interviewing）瞭解守門人新聞室控制和新聞編輯原則和流程，深入訪問臺灣三大入口網站新聞編輯和

管理人的第一手資料，對於網路議題設定的過程，做更為詳細以及完整的剖析。而深度訪談的另一目的，在幫助釐清網路入口網站新聞守門人和其合作的各新聞媒體的互動關係，如見前列於第二部分研究計劃之背景及目的（圖6-1）。

　　除以上有關多元研究法的討論之外，本計劃案此種多元研究法之設計，亦參酌議題設定典範的研究方法。McCombs（1981）曾經以配合議題數目的多寡，加上集體或個人資料，為議題設定研究整理出四種不同的類型；McCombs, Danielian, & Wanta（1995）則更進一步將這四種研究類型命名如下：

1. 大眾勸服型（Mass Persuasion，集體資料／一組議題）：以議題設定的社會效果為分析標的，研究集體資料和媒介議題的相關性。

2. 自動機械型（Automation，個別資料／一組議題）：探究一組媒介議題對個別閱聽人注意力的影響，並且進一步釐清閱聽人人口變項對於議題設定效果的差別影響。

3. 自然歷史型（Natural History，集體資料／單一議題）：是用集體的資料，集中分析一項議題在不同的時間點之下，媒體的報導數量，對於該議題的關注程度是否有類似的變化。

4. 認知描寫型（Cognitive Portrait，個別資料／單一議題）：針對單一議題，利用閱聽人人口變項，用實驗法或者小樣本連續調查法，研究不同類型的議題對於不同人口變項的閱聽人，在議題設定上的效果。

這四種不同的議題設定研究類型，可以整理為如下的表6-1：

表6-1

	鉅觀（Macro Level） 集體資料 （Aggregate Data）	微觀（Mocro Level） 個人資料 （Indicidual Data）
一組議題 （Set of Issues）	Type Ⅰ 大眾勸服型 （Mass Persuasiom）	Type Ⅱ 自動機械型 （Automation）
單一議題 （Single Issues）	Type Ⅲ 自然歷史型 （Natural History）	Type Ⅳ 認知描寫型 （Cognitive Portrait）

資料來源：本研究綜合整理翁秀琪，2000，轉引自McCombs, 1981；以及Mc-Combs, Danielian, & Wanta, 1995, 轉引自Wanta, 1997。

　　歸納以上四種研究類型，我們可以瞭解，議題設定的研究可以大致分為鉅觀和微觀兩個層次。鉅觀層次是用集體資料來分析議題，在一組議題的方式中，我們可以分析一組大眾媒介報導的議題，在群集的閱聽人認知中的順序（例如Type I）；我們也可以觀察單一媒介議題對於公眾議題的設定效果（如Type III）。至於微觀層次的分析單位（unit of analysis）是個人，我們可以分析一系列大眾媒介報導的議題，在不同的個人心目中的重要順序，並且據以瞭解議題設定效果的個人差異（如Type II）；或者，研究單一議題在不同個人認知中的重要性排序（如Type IV）（翁秀琪，2000）。

　　議題設定公認的最初始研究是McCombs和Shaw在1972年的The Chapel Hill Study，就是屬於以上的Type I研究類型。McCombs和Shaw 所使用的研究方法有兩個：以「內容分析法」研究大眾媒介的訊息，以「民意調查法」瞭解受訪者對於公眾議題的認知。本研究為一探索性研究，相關文獻並無可供參考的相同研究方法模式，因此所採取的方法擬遵循McCombs 和Shaw 的經典研究，以「內容分析法」和「民意調查」為分別測量「媒介議題」和「公眾議題」的主要研究方法，並且依照之前討論的

多元研究方法設計，採取互補式多元研究法，再加入質化的「深度訪談法」，以補充內容分析方法和民意調查法的資料蒐集，並在結果分析做更為多元的匯整和解讀。

（二）研究情境（Research context）和多元研究方法之設計（Research Method Designs）

本計劃的研究情境以2004年臺灣立法委員選舉的新聞議題設定功能為主，在立委選舉的競選期間，以「內容分析法」進行三大入口網站和傳統大眾媒體對於立委選舉所產生的各項議題的資料蒐集，瞭解兩者新聞的媒介議題顯著性排序為何，並以「調查研究法」和「深度訪談法」分析是否產生「網路議題設定」和「議題擴張效果」，及其形塑的過程為何。以下分別說明每一種研究方法之設計。

1. 內容分析法（Content Analysis）

內容分析法廣為各種大眾傳播相關研究所運用，在分析的過程當中，媒介訊息的意義（meaning）可以是明顯的（manifest），也可以是潛在的（latent），內容分析研究者可以依據不同的意義，發展出不同的測量方法。本研究所採用的議題設定研究的內容分析法，是用來分析「媒介議題」（Media Agenda），至於大眾媒介的內容，通常被操作（operationalized）為可以計算出的單位（countable unit）。

本研究的情境將以2004年臺灣立法委員選舉的新聞為主，在立委選舉的競選前期和正式競選期間之內（擬定為2004年10月至2004年12月），進行三大入口網站和傳統大眾媒體對於立委選舉所產生的各項議題的資料蒐集，並以內容分析法瞭解網路新聞和傳統大眾媒體的媒介議題顯著性排序為何，進而分析其議題設定的功能。更進一步，並在交叉比對之後，瞭解傳統大眾媒體對於網路新聞的媒介議題設定的功能是否具有「擴張效果」。

（1）**抽樣與分析單位**

本計劃案分析傳統媒體，選擇日報閱報率最高的前三名：《中國時報》、《聯合報》、《自由時報》（4A協會，2003年）。計算此三大報對議題報導新聞的欄位尺寸大小（the number of column inches of news story covered an issue），以及該議題在報紙頭版被報導的篇幅數目（the number of front-page stories an issue receives）。在樣本的選擇上，以日期為基準，採取系統隨機（systematic random sampling）抽樣，版面則以和選舉議題較為相關的「頭版」和「要聞版」為主，至於蒐集到的有效樣本，進行內容分析時乃是以則數（或篇數）為分析單位（unit of analysis）。

另一方面，本計劃案所選擇的網路入口網站（Internet Portals，本研究依據資策會ECRC-FIND之翻譯，或有人稱之為Internet Gateways），依照比例原則，擬選擇臺灣網際網路點選率最高的前三名入口網站，根據資策會2002年國內網路使用者調查的統計（資策會ECRC-FIND，1998-2002），入口網站點選率的排名依序是：**1. Yahoo/Kimo.com.tw；2. PCHome.com.tw；3. Yam.com.tw**。

對於新媒體的抽樣，因分析的媒體為網際網路（World Wide Web），必須略為修改內容分析計算單位，以符合所分析媒體之特性，本計劃案計算網路入口網站在所有新聞頁面，對該議題報導的網路新聞字數（the number of words of the portal's Internet news covered an issue），以及該議題在網路入口網站首頁（front-page of the Internet portals）被列為頭條新聞的篇幅數目（the number of front-page stories an issue receives）。在樣本的選擇上，則與選取傳統媒體相同，以日期為基準，採取系統隨機抽樣，傳統媒體和網站媒體將依相同區間（interval），抽樣出同一天樣本蒐集到的有效樣本，進行內容分析時以則數（或篇數）為分析單位。

但是，為了設定具體的研究範疇（research boundaries），本研究內容分析將排除容易引起網站界定混淆的「他網連結」（click to other websites）。例如：在下列的三大入口網站新聞頁面中（由其首頁的「新聞」按鈕進入），以Yahoo/Kimo新聞頁面爲例，有兩大部分均將納入抽樣的範圍，包括：

第一大部分：在新聞頁面上方和右方的新聞分類中，選擇和傳統媒體一致的分類原則，以和選舉議題較爲相關的「焦點」和「政治」新聞爲主，或因應選舉而編排的「選戰特別報導」等與立委選舉有關之新聞連結內容，均將納入抽樣範圍，其中包含圖片（頁面上連結名稱爲「照片」），圖片尺寸和大小並將加權0.5，以符合閱聽大眾圖片大於文字的吸引效果。在以上的新聞分類中，將以全面性的涵蓋方式，依據本計劃案和相關文獻的經驗所擬定的議題分類原則，由受過訓練的編碼員，判斷是否爲與立委選舉有關的有效樣本，以免因網站編輯分類原則不同而產生樣本疏漏的遺珠之憾。

第二大部分：在新聞頁面左方的「焦點報導」和「即時新聞」也將依照以上的議題分類原則和抽樣方式進行樣本的選取。而「即時新聞」的選取將依照日報和晚報的派報時間晚3小時（網站編輯作業時間所需），進行每日兩次的抽樣。

至於，「合作媒體」的部分（見Yahoo/Kimo新聞第二頁面左上部分）和另外連結至「非該入口網站編輯範圍內」的其他媒體，則爲了設定本企劃案具體的研究範疇，列爲「他網連結」的部分，將不納入抽樣架構（sampling frame）中。

（2）信度檢驗

本計劃案依隨機抽樣原則，進行30%樣本信度檢驗。信度計算公式是相互同意的編碼次數（M）與各別總編碼數（N1及N2）的比率（Reliability = 2M / N1 + N2），編碼員是經由研究方法訓練後的本計劃案兩名碩士研究助理擔任。

2. 調查研究法（**Survey Research**）

至於對「公眾議題」之測量，原先考慮運用「網路調查法」，但因執行「隨機抽樣」網路調查十分困難，若以「非隨機抽樣」，結果又不具「推論性」（generalibility），因此最後採用「電話調查法」（Telephone Survey）進行，此亦爲傳統議題設定研究公眾議題時普遍使用的民意調查法。

在測量媒介議題和公眾議題的分類面向上，將依循典範議題設定研究的操作化方式，以「最重要的問題」（MIP, Most Important Problems）進行測量。例如：議題分類可以分爲政治議題、經濟議題、政策議題、社會福利議題、以及國際議題（或者採取適合臺灣的國家定位問題）等。

但無論採取何者，網路傳播研究目前遭遇的最大挑戰之一，便是其研究方法的問題，無論是已普爲運用的實驗法、網上訪談、網絡志願填答問卷、甚或網路調查法，均在效度、信度上有著諸多缺失，但如同方法學早期逐步接納電話調查法一樣，各種網路方法必須在現階段以最嚴謹的態度設計和進行，對結果的外在效度（external validity）的推論性（generalization）亦必須謹慎處理。本研究作者認爲，以目前技術而言，各種網路方法，即便透過最科學和嚴謹的抽樣方法，仍幾乎無一可達到推論至母體的目標。因此，各種網路方法研究者仍必須更加努力，以使網路方法成爲科學研究的得力工具。

3. 深度訪談法（**In-depth Interviewing**）

另外，本計劃案以質化的「深度訪談法」（in-depth interviewing）瞭解守門人新聞室控制和新聞編輯原則和流程，深入訪問臺灣三大入口網站新聞編輯和管理人的第一手資料，對於網路議題設定的過程，做更爲詳細以及完整的的剖析。而深度訪談的另一目的，在幫助釐清網路入口網站新聞守門人和其合作的各新聞媒體的互動關係。

本計劃案將守門人大致上分為新聞蒐集者（記者）與新聞處理者（編輯），並依照Shoemaker（1991）五個分析守門人的層次，進行結構化的深度訪談（structured in-depth interviewing），包括個人層次（個人特質、角色期待等）、傳播常規（寫作模式等）、組織常規（組織社會化等）、跨媒介與社會制度層次（消息來源、媒體競爭等），以及社會系統層次（文化、意識型態等），其中並將釐清目前網路新媒體和傳統媒體間的議題相關性，匯整「內容分析」和「民意調查」的量化資料後，除嘗試描繪出更完整和細緻的「網路議題設定功能」以外，並得以耙梳可能的「議題擴張效果」。

四、本計劃案已進行之前導研究（Pilot Study）

本計劃案為了使問卷設計、深度訪談、以及各項變數的操作化有更為正確的方向，特地進行了Pilot Study，以作為未來研究工具在問題上設計的參考。

在本研究的Pilot Study中，以親身訪問的方式，訪問了與國外入口網站較有聯繫的新浪網Sina.com On-line Taiwan資深網站總監（Production Senior Director）張郁菁女士、新浪網行銷副理（Associate Marketing Manager）鄭嬿嬿女士，以及國內PCHome On-line的公關經理龔淑娟女士，分別針對不同的國內外入口網站，在新聞連結和編輯的日常工作過程中，有可能與網路新聞的議題設定效果有關的各種面向，進行較為深入的分析，作為本研究正式的問卷設計和深度訪談在問題方向與結構上的參考。

五、研究方法之執行（Administration of Methods）

（一）內容分析法

1. 研究對象與分析單位

本計畫案在傳統媒體的選擇上以「報紙」為研究對象，分別選取「聯

合報、中國時報與自由時報」進行分析。主要原因是此三報爲日閱報率最高的前三名。另一方面,在「網路入口網站」的選擇上,則是以臺灣網際網路點選率最高的前三名入口網站:「Yahoo!奇摩、PChome、蕃薯藤」爲主。

2. 日期選擇

在日期的抽樣上,是自10月18日至12月10日(中央選舉委員會公告之2004年第六屆立法委員選舉日期)爲止,合計54天。根據《聯合報》(1998)民調發現,超過一半的選民決定投票的時間,爲投票前兩個月;而候選人的競選活動、政黨的競選策略運作以及媒體的報導也會在愈接近選舉日之時,愈趨白熱化。因此,本計畫案選擇以選舉日前兩個月,作爲抽取新聞樣本的日期。

也由於本計畫案主要是探討、比較傳統媒體與網路新聞的媒介議題顯著性排序爲何;並藉此透過交叉分析,探究受訪者對於競選期間議題顯著性的排序是否與之一致。因此,本計畫案另選取選舉日前兩星期(10/28-12/10)作爲熱門議題抽樣的主要日期標的。

3. 分析單位

在進行內容分析時,「報紙新聞」與「網路入口網站新聞」皆以則數(或篇數)爲分析單位。

4. 類目建構

在內容分析法中,首要的工作即是建構類目。類目的訂定,必是符合窮盡、互斥、獨立與同一分類等原則。而建構類目的過程中,最常採用的方式乃是根據過去的理論或研究,作爲類目建構的標準。因此,本計畫案在依據研究目的,並參考相關研究後,所建構之類目與其操作定義如下:

■基本資料類目

由於本計畫案的內容分析部分，區分為「報紙新聞」與「入口網站新聞」，而這兩者的媒介特性不同，因此在基本資料類目建構上略有不同。

（1）報紙部分

①報紙名稱：聯合報、中國時報、自由時報。

②見報日期：四碼，例如：10月18日，登錄為1018。

③刊登版次：記錄見報的版別，本研究依頭版為01、二版為02，依此類推。

④刊登位置：右上、左上、右下、左下。

⑤新聞報導字數：四碼。過去報紙多以版面大小作為研究標準，然而本研究為了能與網路新聞有所一致，因而採用報導字數作為標的。

（2）網路新聞部分

①刊登入口網站：Yahoo奇摩、蕃薯藤、PCHOME。

②新聞來源：中時電子報、聯合新聞網、中央社、中廣新聞網、TVBS、民視、路透社、東森新聞網、中央日報、臺灣日報、Yahoo奇摩新聞中心、蕃薯藤新聞中心、PCHOME新聞中心。

③刊登日期：四碼，例如：10月18日，登錄為1018。

④刊登位置：入口網站首頁新聞banner01、新聞中心02、政治新聞03。

⑤新聞編號：二碼。

⑥新聞報導字數：四碼。

（二）分析類目及其定義

1. 政治議題

（1）憲政制度：指與修憲有關的新聞議題。

（2）選舉問題：與選舉制度有相關、選務工作、選舉經費等。

（3）政黨問題：指與政黨本身相關、黨務議題、政黨策略。（黨產問題）

（4）民主議題：與臺灣民主自由相關新聞，譬如：人權、白色恐怖。

（5）省籍與族群問題：族群融合與衝突事件。

（6）政府行政效能、政府決策：包含行政體系的行政效率、貪汙、政策法令執行、內閣異動、重大事件（包含水災風災）處理決策過程。

（7）國會新聞：國會亂象、議事效率、立法品質。

（8）國防議題：軍購事件、國軍議題。

（9）法治問題：司法改革、審判獨立。（例如：選舉無效訴訟）

（10）賄選弊案議題：賄選買票、黑金掛勾。

（11）其他。

2. 兩岸議題

（1）國家定位走向：統獨議題、國旗國號爭議。

（2）兩岸經濟交流：包機、臺商、三通等。

3. 外交議題

（1）與國際地位相關：加入國際組織、與他國合作、交流。

（2）外交政策、事件：金錢外交、務實外交。

（3）其他。

4. 民生經濟議題

（1）財政問題：財務金融、貿易、股市、物價、景氣指數。

（2）就業問題：人力資源、失業率。

（3）勞工問題：勞資糾紛、外勞政策。

（4）交通議題：如高鐵、捷運。

（5）電信通訊：電信業務產品引發問題、網路犯罪、手機盜用。

（6）環境保護：環保議題、國土保育、垃圾處理、各種汙染問題。

（7）醫療、衛生與社會福利：全民健保、醫療糾紛、福利法案。

（8）婦女問題：女性社會結構性問題：兩性平等。

（9）青少年問題：青少年反社會行為、身心健全問題。

（10）弱勢族群：同志議題、老人津貼、安養、殘障補助。

（11）其他。

5. 社會議題

（1）治安問題：犯罪問題、黑道幫派、警察法紀。

（2）社會新聞：自殺問題、詐騙問題、利益糾紛。

（3）其他。

6. 文教議題

（1）教育問題：教育制度、師資爭議、教材。

（2）文化藝術：指音樂、繪畫、文學、戲劇、雕刻等藝術。

（3）傳播媒體：指大眾傳播媒體發展引發問題與現象，如媒體壟
斷、報導失衡、新聞惡質競爭、電視法規、頻譜爭議。

（4）其他。

7. 競選活動

（1）候選人特質：候選人形象塑造、本身學識條件。

（2）造勢活動與文宣策略：自辦政見發表會、辯論會、競選總部成
立造勢、遊行、旗幟、歌曲、口號。

（3）口水戰新聞：攻擊、抹黑、醜聞。

（4）支持者周邊新聞：包含競選團隊、辦公室主任、操盤者、表態

支持事件。

（5）其他。

8. 民調報導

（1）民意調查數字顯示：各媒體、政黨、民調公司的調查結果。

（2）民調分析報導：媒體因應民調數字而產生的民調解讀報導。

（3）其他。

總體之基本資料類目及新聞分析類目，整理如下表：

基本資料類目

一、報紙部分

類目代號	類目名稱	標尺
類目A	報紙名稱	（01）聯合報 （02）中國時報 （03）自由時報
類目B	日期	四碼：XXXX 例如：10/18 = 1018
類目C	刊登版次	（01）頭版 （02）二版（依次類推）
類目D	刊登位置	（01）右上 （02）左上 （03）右下 （04）左下
類目E	報導字數	四碼：XXXX 例如：384字 = 0384

二、網路部分

類目代號	類目名稱	標尺
類目A	刊登入口網站	（01）Yahoo!奇摩 （02）蕃薯藤 （03）PChome
類目B	新聞來源	（01）中時電子報 （02）聯合新聞網 （03）東森新聞報 （04）中央社 （05）路透社 （06）中廣新聞 （07）TVBS （08）民視 （09）中央日報 （10）台灣日報 （11）Yahoo!奇摩新聞中心 （12）蕃薯藤新聞中心 （13）PChome新聞中心
類目C	日期	四碼：XXXX
類目D	刊登位置	（01）入口網站首頁新聞 （02）新聞中心 （03）政治新聞
類目E	新聞編碼	兩碼：XX
類目F	新聞報導字數	四碼：XXXX

（二）編碼員間的信度檢測

　　內容分析法要求研究的信度須達一定水準，以顯示研究之可靠性。各學者對信度要求的水準有不同的看法。Kassarjian（1977）認為信度若高於85%即可接受，若低於80%，則研究的信度將值得懷疑。

新聞分析類目表

類目代號	類目名稱	標尺
類目一	政治議題01	（01）憲政制度 （02）選舉問題 （03）政黨問題 （04）民主議題 （05）省籍與族群問題 （06）政府行政效能、政府決策 （07）國會新聞 （08）國防議題 （09）法治問題 （10）賄選弊案議題 （11）其他
類目二	兩岸議題02	（01）國家定位走向 （02）兩岸經濟交流
類目三	外交議題03	（01）與國際地位相關 （02）外交政策、事件 （03）其他
類目四	經濟民生議題04	（01）財政問題 （02）就業問題 （03）勞工議題 （04）交通議題 （05）電信通訊 （06）環境保護 （07）醫療、衛生與社會福利 （08）婦女問題 （09）青少年問題 （10）弱勢群族 （11）其他
類目五	社會議題05	（01）治安問題 （02）社會新聞 （03）其他

（續）

類目代號	類目名稱	標尺
類目六	文教議題06	（01）教育問題 （02）文化藝術 （03）傳播媒體 （04）其他
類目七	競選活動07	（01）候選人特質 （02）造勢活動與文宣策略 （03）口水戰新聞 （04）支持者周邊新聞 （05）其他
類目八	民調報導08	（01）民意調查數字顯示 （02）民調分析報導 （03）其他

信度計算如下：

兩人相互同意度（A）公式為 $A = \dfrac{2 \times M}{N1 + N2}$

M：完全同意數（即兩位編碼員回答相同之題數）

N1、N2：兩位編碼員所各自回答之題數

信度（B）公式為 $B = \dfrac{n \times A}{1 + [(N-1) \times A]}$

n：參與編碼之人數

（1）2編碼員對於網路新聞的信度檢驗

　　M完全同意數：927

　　N1 + N2 = 1924

　　A = 0.963

　　B = 0.981

　　編碼員信度為98%

（2）2編碼員對於報紙新聞的信度檢驗

　　M完全同意數：311

N1 + N2 = 642

A = 0.968

B = 0.983

編碼員信度為98%

（三）電話調查法

本研究使用電話調查法來測量網路使用者的議題重要性排序，同時將網路使用者的議題重要性排序與傳統媒體、網路媒體的議題設定排序做比較，以檢驗網路的議題設定功能與議題擴張的效果。

1. 問卷設計

問卷的設計採封閉式問卷，共分為三個部分，分別是受訪者的網路使用習慣、受訪者對網路新聞與入口網站的看法以及受訪者對公共議題的看法。

針對受訪者的網路使用習慣，調查受訪者平時使用的網路功能、上網時間、上網的撥接方式以及習慣使用的網站。受訪者對網路新聞的看法則著重於調查受訪者對網路新聞來源的注意程度、對網路新聞的瀏覽時間以及對網路新聞的可信度評量。至於受訪者對公共議題的看法則是選取立委選舉期間媒體所報導的公共議題來測量受訪者的議題重要性排序，並且瞭解受訪者在這次的選舉過程中對議題的關心與理解的程度。

2. 執行單位及執行時間

電話問卷調查工作委託某知名民調及市調公司負責執行，並由本研究計畫的主持人及研究助理負責全程督導。電話調查的執行時間為2005年3月初。

3. 調查母體、有效樣本與抽樣誤差

使用CATI（Computer Assisted Telephone Interviewing）系統，並採用RDD（Random Digit Dialing）方式，受訪者的選取採隨機抽取全臺灣的電話號碼，並將末兩碼隨機跳號。因網路使用者年齡層較低，故合格受訪者鎖定為14歲以上，並有使用網路經驗與習慣的受訪者，總計有效樣本為1,078位，抽樣誤差則為正負3.1%。

4. 訪員訓練

本次電話調查的訪員在開始訪問之前，均接受充分的訪員訓練。不僅對問卷內容有充分瞭解，同時對於訪談內容以國、臺語進行充分的訪談練習；另外，教導訪員熟悉CATI電話調查系統的操作，以利訪員記錄受訪者的答案。

5. 資料整理

完成1,078位訪問後，進行資料整理、鍵入的工作，並由研究助理檢查資料的完整性與一致性。

（四）深度訪談法

本計畫案最後以「深度訪談法」，深入探究媒介議題操作過程。

本計畫案之深度訪談對象分為三部分：其一，在於瞭解議題操作者（如立委候選人）如何於競選期間進行媒介議題操作，而他又是如何看待網路新聞媒體的發展。其深度訪談題綱如下：

1. 如何評估競選活動、競選期間的議題事件，在媒體曝光的效果？（可否就報紙、電視、網路新聞舉例說明之。）
2. 與傳統大眾媒體相比較，網路新聞媒體的可信度如何？
3. 您認為在網路新聞（入口網站、電子報等等）的議題重要性排序，是否會與傳統媒體的議題重要性排序具有一致性？

4. 與傳統媒體相較，您認為網路媒體的近用性是否較高？這對於整體議題擴散的效果是否有影響？

5. 傳統媒體與網路媒體相比較，您認為哪種媒體議題設定的效果較強？

6. 以網路新聞而言，由於網路是具有即時性質的媒介，請問是否會定時注意「入口網站」的「橫幅新聞標題」，或各電子報的新聞議題？

7. 網路新聞的即時性，不受版面與時段限制的特性，對於競選策略中媒介議題操作的策略是否有所影響？（是否有針對網路的特性，擬定媒體操作的策略？）

8. 在競選活動期間，是否會注意各網路討論區、新聞群組、網路留言版所討論的議題？當遇到重要或熱門的討論議題時，又是如何回應？

9. 在經營候選人官方網站時，網站首頁的新聞議題選取標準為何？

10. 有鑑於國內的網路使用者逐年快速增加，您評估在未來選舉策略上，網路傳播的重要性是否會超越傳統媒體？

其二，為瞭解媒體守門人新聞室控制與新聞編輯原則與流程，以及網路議題設定過程。因此，本計畫案將透過訪問網路新聞記者與傳統媒體記者，瞭解傳統媒體與網路媒體新聞編輯之差異，以及兩者新聞議題擴張之過程等。其題綱如下：

1. 傳統新聞與網路新聞之新聞編輯流程為何？（包含入口網站首頁的新聞標題橫幅的選取、新聞網頁的編輯、更換新聞的頻率等。）

2. 傳統媒體與網路媒體之間的契約關係？

3. 新聞檢選的標準。

4. 網路新聞（入口網站、電子報等等）與傳統媒體的議題重要性排序是否一致。

5. 網路新聞媒體與傳統媒體的可信度比較。

6. 網路媒體與傳統媒體的近用性比較，而這對於整體議題擴散的效果是否有影響？

7. 網路引起熱烈討論的話題，是否會反過來影響傳統媒體的議題重要排序？

8. 傳統大眾媒體與網路媒體的議題之間的共振效果。

9. 傳統媒體與網路媒體，何者媒體議題設定的效果較強？

10. 入口網站的新聞橫幅標題是否如報紙的頭條，具有顯著的議題設定效果？這是否會改變閱聽人的使用習慣，進而提升網路媒體的議題設定能力？

11. 網路媒體無論是在重要性，或議題設定的能力，是否會超越傳統媒體？

最後，深入訪談的對象為傳播學者專家，透過他們專業的觀察，來瞭解他們是如何看待網路議題設定效果與傳統媒體的議題擴張效果。

1. 您認為在網路新聞（入口網站、電子報等等）的議題重要性排序，是否會與傳統媒體的議題重要性排序具有一致性？

2. 與傳統大眾媒體相比較，網路新聞媒體的可信度如何？

3. 您認為在網路新聞（入口網站、電子報等等）的議題重要性排序，是否會與傳統媒體的議題重要性排序具有一致性？

4. 傳統媒體與網路媒體相比較，您認為哪種媒體議題設定的效果較強？

5. 與傳統媒體相較，您認為網路媒體的近用性是否較高？這對於整體議題擴散的效果是否有影響？

6. 請問您認為傳統大眾媒體與網路媒體的議題之間有沒有「擴張（共振）效果」（新聞議題由傳統大眾媒體擴張至網路媒體）的存在？

7. 傳統媒體與網路媒體相比較，網路媒體多了主動性與即時性的優點，您認為哪種媒體議題設定的效果較強？

8. 您是否認為，入口網站首頁的新聞橫幅，具有如同傳統媒體頭版或頭條新聞般的重要性意義？對於閱聽人的影響又為何？

9. 網路媒體的出現，使得閱聽人能加入傳播的過程，您認為這對於議題設定理論，或其他大眾傳播理論會不會產生什麼影響？

10.由於現在的閱報率愈來愈低，您認為在不久的將來，網路媒體無論是在重要性，或議題設定的能力，是否會超越傳統媒體？

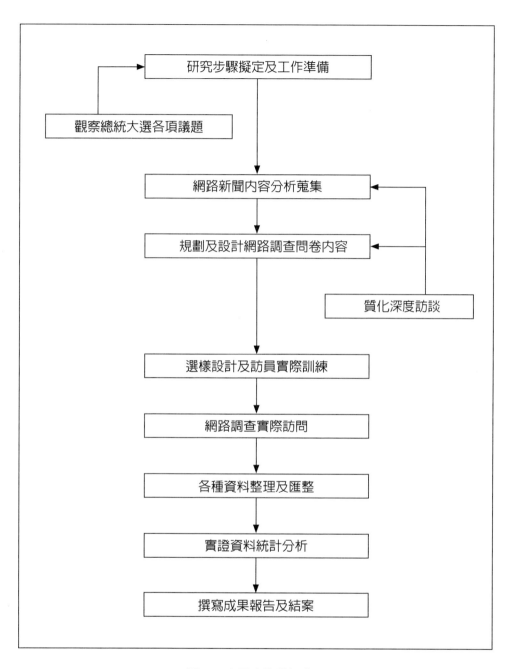

研究步驟擬定及工作準備

觀察總統大選各項議題

網路新聞內容分析蒐集

規劃及設計網路調查問卷內容

質化深度訪談

選樣設計及訪員實際訓練

網路調查實際訪問

各種資料整理及匯整

實證資料統計分析

撰寫成果報告及結案

圖6-2　本研究的進行步驟

第 7 章

網路議題設定實證
研究結果與討論

一、基本資料描述性分析

（一）內容分析描述性統計結果概要

1. 在網路新聞的內容分析部分，抽樣所得樣本總共962則的網路新聞，整體內容分析結果大致如下：

（1）在八大類目標題分析方面

「政治議題」總共有294則，占全部新聞總數的30.6%；其中以「政黨問題」為最多，共有94則，占總數9.8%；其次為「國防議題」，共有62則，占總數6.4%；第三為「法治問題」，共有45則，占總數4.7%。

「兩岸議題」總共有60則，占全部新聞總數的6.2%；其中以「國家定位走向」為最多，共有60則，占總數6.2%。

「外交議題」總共有31則，占全部新聞總數的3.2%；其中以「外交政策事件」為最多，共有28則，占總數2.9%。

「民生經濟議題」總共有23則，占全部新聞總數的2.4%；其中以「財政問題」為最多，共有10則，占總數1.0%；其次為「醫療衛生與社會福利」，共有8則，占總數0.8%；第三為「其他」，共有2則，占總數0.2%。

「社會議題」總共有7則，占全部新聞總數的0.7%；其中以「社會新聞」為最多，共有4則，占總數0.4%。

「文教議題」總共有8則，占全部新聞總數的0.8%；其中以「教育問題」為最多，共有6則，占總數0.6%。

「競選活動」總共有502則，占全部新聞總數的52.2%；其中以「支持者周邊新聞」為最多，共有208則，占總數21.6%；其次為「造勢活動與文宣策略」，共有126則，占總數13.1%；第三為「配票」，共有76則，占總數7.9%。

「民調報導」總共有37則，占全部新聞總數的3.8%；其中以「民調分析報導」為最多，共有25則，占總數2.6%。

綜合以上八大類議題中，「競選活動」出現次數最多，比例為52.2%，其次為「政治議題」，比例為30.6%，第三為「兩岸議題」，比例為6.2%。

表7-1 標題分析

		次數	百分比	有效百分比	累積百分比
有效的	政治憲法制度	11	1.1	1.1	1.2
	政治選舉問題	24	2.5	2.5	3.6
	政治政黨問題	94	9.8	9.8	13.4
	政治省籍族群	2	.2	.2	13.6
	政治行政效能政府決策	14	1.5	1.5	15.1
	政治國會新聞	25	2.6	2.6	17.7
	政治國防議題	62	6.4	6.4	24.1
	政治法治問題	45	4.7	4.7	28.8
	政治賄選弊案	14	1.5	1.5	30.2
	政治其他	3	.3	.3	30.6
	兩岸國家定位走向	60	6.2	6.2	36.8
	外交與國際地位相關	3	.3	2.9	37.1

（續）

	次數	百分比	有效百分比	累積百分比
外交政策事件	28	2.9	1.0	40.0
經濟民生財務	10	1.0	1.0	41.1
經濟民生勞工	1	.1	.1	41.2
經濟民生環境保護	1	.1	.1	41.3
經濟民生醫療衛生與社會福利	8	.8	.8	42.1
經濟民生婦女問題	1	.1	.1	42.2
經濟民生其他	2	.2	.2	42.4
社會治安	3	.3	.3	42.7
社會社會新聞	4	.4	.4	43.1
文教教育	6	.6	.6	43.8
文教傳播媒體	2	.2	.2	44.0
競選活動候選人特質	7	.7	.7	44.7
競選活動造勢文宣與策略	126	13.1	13.1	57.8
競選活動口水戰新聞	59	6.1	6.1	63.9
競選活動支持者周邊新聞	208	21.6	21.6	85.6
競選活動配票	76	7.9	7.9	93.5
競選活動其他	26	2.7	2.7	96.2
民意報導民意調查數字顯示	12	1.2	1.2	97.4
民意報導民高速分析報導	25	2.6	2.6	100.0
總和	962	100.0	100.0	

（**2**）在新聞來源分析方面

　　整體網路新聞中，來自「中時電子報」總共有166則，占全部新聞總數17.3%；來自「聯合新聞網」總共有245則，占全部新聞總數25.5%；來自「東森新聞報」總共有166則，占全部新聞總數17.3%；來自「中央社」總共有97則，占全部新聞總數10.1%；來自「中廣新聞網」總共有95則，占全部新聞總數9.9%；來自「TVBS」總共有150則，占全部新聞總數15.6%；來自「民視」總共有29則，占全部新聞總數3.0%；來自「中央日報」總共有3則，占全部新聞總數；0.3%；來自「臺灣日報」總共有11

則，占全部新聞總數1.1%。

　　由此可知，在所有新聞來源中，以「聯合新聞網」最多，比例為25.5%，其次為「中時電子報」與「東森新聞報」，比例均為17.3%，第三為「TVBS」，比例為15.6%。

表7-2　新聞來源

		次數	百分比	有效百分比	累積百分比
有效的	中時電子報	166	17.3	17.3	17.3
	聯合新聞網	245	25.5	25.5	42.7
	東楗新聞報	166	17.3	17.3	60.0
	中央社	97	10.1	10.1	70.1
	中廣新聞網	95	9.9	9.9	79.9
	TVBS	150	15.6	15.6	95.5
	民視	29	3.0	3.0	98.5
	中央日報	3	.3	.3	98.9
	台灣日報	11	1.1	1.1	100.0
	總和	962	100.0	100.0	

2. 在報紙新聞的內容分析部分，抽樣所得樣本總共321則的網路新聞，內容分析結果大致如下：

（1）在標題分析方面

　　「政治議題」總共有133則，占全部新聞總數的41.4%；其中以「國防議題」為最多，共有46則，占總數14.3%；其次為「政黨問題」，共有27則，占總數8.4%；第三為「賄選弊案」，共有21則，占總數6.5%。

　　「兩岸議題」總共有35則，占全部新聞總數的10.9%；其中以「國家定位走向」為最多，共有33則，占總數10.3%。

　　「外交議題」總共有16則，占全部新聞總數的5.0%；其中以「外交

政策事件」為最多，共有16則，占總數5.0%。

「民生經濟議題」總共有3則，占全部新聞總數的0.9%；其中以「醫療衛生與社會福利」為最多，共有2則，占總數0.6%。

「社會議題」總共有3則，占全部新聞總數的0.9%其中；以「社會新聞」為最多，共有3則，占總數0.9%。

「文教議題」總共有8則，占全部新聞總數的2.5%；其中以「教育問題」為最多，共有8則，占總數2.5%。

「競選活動」總共有118則，占全部新聞總數的36.8%；其中以「支持者周邊新聞」為最多，共有61則，占總數19.0%；其次為「配票」，共有24則，占總數7.5%；第三為「口水戰新聞」，共有16則，占總數5.0%。

「民調報導」總共有5則，占全部新聞總數的1.6%；其中以「民調分析報導」為最多，共有3則，占總數0.9%。

由以上分析，在八大類分類議題中，「政治議題」出現次數最多，比例為41.4%，其次為「競選活動」，比例為36.8%，第三為「兩岸議題」，比例為10.9%。

表7-3 標題分析

		次數	百分比	有效百分比	累積百分比
有效的	政治憲法制度	11	1.1	1.1	1.1
	政治選舉問題	24	2.5	2.5	3.6
	政治政黨問題	94	9.8	9.8	13.4
	政治省籍族群	2	.2	.2	13.6
	政治行政效能政府決策	14	1.5	1.5	15.1
	政治國會新聞	25	2.6	2.6	17.7
	政治國防議題	62	6.4	6.4	24.1
	政治法治問題	45	4.7	4.7	28.8
	政治賄選弊案	14	1.5	1.5	30.2

（續）

	次數	百分比	有效 百分比	累積 百分比
政治其他	3	.3	.3	30.6
兩岸國家定位走向	60	6.2	6.2	36.8
外交與國際地位相關	3	.3	.3	37.1
外交政策事件	28	2.9	2.9	40.0
經濟民生財務	10	1.0	1.0	41.1
經濟民生勞工	1	.1	.1	41.2
經濟民生環境保護	1	.1	.1	41.3
經濟民生醫療衛生與社會福利	8	.8	.8	42.1
經濟民生婦女問題	1	.1	.1	42.2
經濟民生其他	2	.2	.2	42.4
社會治安	3	.3	.3	42.7
社會社會新聞	4	.4	.4	43.1
文教教育	6	.6	.6	43.8
文教傳播媒體	2	.2	.2	44.0
競選活動候選人特質	7	.7	.7	44.7
競選活動造勢文宣與策略	126	13.1	13.1	57.8
競選活動口水戰新聞	59	6.1	6.1	63.9
競選活動支持者周邊新聞	208	21.6	21.6	85.6
競選活動配票	75	7.9	7.9	93.5
競選活動其他	26	2.7	2.7	96.2
民意報導民意調查數字顯示	12	1.2	1.2	97.4
民意報導民高速分析報導	25	2.6	2.6	100.0
總和	926	100.0	100.0	

註：和入口網站網路新聞不同，因為實體報紙，大部分消息來源即為該報，故無消息來源之分析。

（2）研究假設檢驗與討論

①「網路議題設定功能」（The E-Agenda-Setting Function）檢驗與討論

如前所述，報紙和網路新聞之內容分析均為同一類目系統，共分八大類，二十三分項。就整體抽樣之樣本議題分析而言，選舉議題操作

之時間更替頗爲快速，大部分單一議題之時間僅維持一至二週左右，亦言之，臺灣選舉議題之「議題生命週期」（Issue Life Circle）並不長。爲配合此種臺灣選舉議題操作之特性，本計畫案比較立委選舉日前兩週（11/28-12/10）的網路議題設定分析之「媒體議題」，與電訪「公眾議題」排序，以此檢驗「網路議題設定」（E-Agenda-Setting）的效果。在11月28日到12月10日的議題中，本計畫案選取網路新聞以「篇幅比例」與「重要性排序」而言，五則最重要熱門的議題：「選舉配票與棄保、全國各地查緝賄選、泛藍過半將組閣、行政資源中立與否、國營企業與外館正名」；加上兩則有被提出且出現於媒體報導中，但在比例和重要性上較不受媒體青睞的新聞：「同志團體推舉立委名單、競選期間的環保問題」，整合作爲電話受訪者議題排序的選擇，並開放受訪者回答心中「其他重要議題」的「開放性題項」。總計，七則比較議題分別爲：選舉配票與棄保、同志團體推舉立委名單、全國各地查緝賄選、競選期間的環保問題、泛藍過半將組閣、行政資源中立與否、國營企業與外館正名，加上「其他議題」的開放題項。分析結果如下：

11月28日至12月10日的網路議題比例排序爲：「泛藍過半將組閣」12.4%；「選舉配票與棄保」11.5%；「國營企業與外館正名」9.4%；「全國各地查緝賄選」2.1%；「行政資源中立與否」2.1%；「競選期間的環保問題」0.2%；「同志團體推舉立委名單」0.1%。

在電訪的「公眾議題」部分，各議題之排序爲：「泛藍過半將組閣」33.9%；「全國各地查緝賄選」17.1%；「選舉配票與棄保」15.8%；「行政資源中立與否」10.7%；「國營企業與外館正名」6.2%；「競選期間的環保問題」8.8%；「同志團體推舉立委名單」1.7%。

將網路新聞「媒體議題」與電訪的「公眾議題」以雙尾檢定（two-tailed）之皮爾森相關性分析（Person Correlation）作議題高低比例排序檢驗，得出 $r = .858$ ，$p < .05$，顯示兩者呈現高度正相關，本研究假設一：「網路入口網站新聞所呈現的媒體議題（Media Agenda）與網路使用者的

公眾議題（Public Agenda）在其重要性排序上具有正相關，即：「網路議題設定功能E-Agenda-setting Function」，獲得統計上顯著性的支持。

另外，本研究嘗試了新的研究分析方式，因爲新聞報導的顯著性（salience），除了篇幅比例多寡外，其所占版面之位置重要性亦爲一重要指標，若將傳統內容分析「篇幅大小比例」加上新聞報導「所占位置重要性排序」，或可呈現出更爲精確的議題設定效果。

以上爲依據一般議題設定研究文獻，以內容分析篇幅大小比例與電訪公眾議題比例所作之相關性分析。由於本研究加入了新聞「重要性排序」之內容分析，以上議題之重要性排序則爲：「選舉配票與棄保」（M = 7.56）；「國營企業與外館正名」（M = 6.50）；「泛藍過半將組閣」（M = 5.83）；「全國各地查緝賄選」（M = 4.40）；「行政資源中立與否」（M = 4.20）；「同志團體推舉立委名單」（M = 0.10）；「競選期間的環保問題」（M = 0.10）。

因此，本研究較一般相關研究略有不同，界定網路新聞「媒體議題」的名次排序，整合了「篇幅比例大小」和「位置重要性排序」兩項，兩者權值視爲相同，所以將某一議題在兩者項目的數值（比例百分比及重要性平均值）予以加總，得出最後「媒體議題」的高低排序。依此計算排序，網路新聞「媒體議題」的最後名次排序分列爲：第一、「選舉配票與棄保」（加總分數=19.06）；第二、「泛藍過半將組閣」（18.23）；第三、「國營企業與外館正名」（15.9）；第四、「全國各地查緝賄選」（6.5）；第五、「行政資源中立與否」（6.3）；第六、「競選期間的環保問題」（0.3）；第七、「同志團體推舉立委名單」（0.2）。而以此新排序指標，將網路新聞「媒體議題」與電訪的「公眾議題」以雙尾檢定（two-tailed）之皮爾森相關性分析（Person Correlation）作檢驗，得出r = .804，p < .05，亦顯示兩者呈現高度正相關，所以本研究假設一仍然獲得統計上顯著性的支持。

新媒體與民意：理論與實證

②議題設定的「擴張效果」（Expanding Effect）之分析與討論

另一方面，本計劃案亦進行新傳播媒體（網路）和傳統媒體（報紙及電視）之比較，以交叉檢驗的方式，進一步確認網路議題設定的效果，以及詳細釐清網路議題設定和傳統媒體議題設定效果之間的交互關係（interaction effects）。而此種交互關係，本計劃案認為，應是以傳統大眾媒體在「議題設定功能」上，對網路新媒體的「議題擴張效果」的模式存在著。

這種網路的「議題擴張效果」，或許適切地填補了傳統大眾傳媒日趨下降的影響力，甚至穿透了e世代分眾的媒介使用族群，使得大眾媒體的「議題設定功能」得以在資訊超媒體（hyper media）時代中，以新的運作形式和影響過程繼續存在著。

至於傳統大眾媒體對網路入口網站新聞議題設定的「擴張效果」，則因為需較長時間且全面性地檢視，因此所分析之內容樣本以近二個月全數抽樣樣本為範圍，抽樣日期從10月18日至12月10日，共54天。抽取報紙新聞321則，網路新聞962則，經內容分析其議題設定的結果，如下分析：

在所有「報紙新聞」標題分類中，就「篇幅所占比例多寡」分析：「支持者周邊新聞」有61則，占全部新聞總數的19%；「國防議題」有46則，占全部新聞總數的14.3%；「國家定位走向」有33則，占全部新聞總數的10.3%；「政黨問題」有27則，占全部新聞總數的8.4%；「配票新聞」有24則，占全部新聞總數7.5%；「賄選弊案」有21則，占全部新聞總數6.5%。

在所有「網路新聞」標題分析中，就「篇幅所占比例多寡」而言：「支持者周邊新聞」有213則，占全部新聞總數的22.1%；「造勢文宣與策略」有125則，占全部新聞總數的13.0%；「政黨問題」有92則，占全部新聞總數的9.6%；「配票新聞」有76則，占全部新聞總數7.9%；「國防議題」有62則，占全部新聞總數6.4%；「口水戰新聞」有59則，占全

部新聞總數6.1%；「國家定位走向」有58則，占全部新聞總數6.0%。

　　將「報紙新聞」和網路新聞「媒體議題」以皮爾森相關性分析（Person Correlation）作單尾檢定（one-tailed）之檢驗，得出r = .801，p < .05，顯示兩者統計上呈現高度顯著性正相關，因此本研究假設二：「網路入口網站的媒體議題（Internet Media Agenda）與傳統大眾傳媒的媒體議題（Traditional Media Agenda）在其重要性排序上具有正相關，即：「議題擴張效果Agenda Expanding Effects」，亦獲得支持。

　　如前所述，本研究嘗試新的議題設定重要性排序之分析方式，以新聞的顯著性而言，將「篇幅大小比例」加上新聞「所占位置重要性排序」，應會呈現更為精確的議題設定效果。

　　而報紙新聞以「位置重要性排序」而言，則次序如下：「賄選弊案」（M = 4.05）、「憲政制度」（M = 4.30）、「政黨問題」（M = 4.33）、「國家定位走向」（M = 4.42）、「國防議題」（M = 4.93）、「支持者周邊新聞」（M = 4.95）。

　　網路新聞以「位置重要性排序」之分析如下：「賄選弊案」（M = 7.50）、「政黨問題」（M = 7.68）、「行政效能與政府決策」（M = 7.77）、「憲政制度」（M = 7.82）、「選舉問題」（M = 7.92）、「國防議題」（M = 8.29）、「配票新聞」（M = 8.34）、「支持者周邊新聞」（M = 8.81）。

　　本研究整合「篇幅比例大小」和「位置重要性排序」兩項，權值相同，將某一議題在兩者項目的數值（比例百分比及重要性平均值）予以加總，得出最後「報紙新聞」和「網路新聞」個別的「媒體議題」高低排序。

　　依此計算排序，報紙新聞「媒體議題」的最後名次排序分列為：第一、「支持者周邊新聞」（加總分數=23.95）；第二、「國防議題」（19.23）；第三、「國家定位走向」（14.72）；第四、「政黨問題」（12.72）；第五、「賄選弊案」（10.55）；第六、「配票新聞」

（10.50）。

報紙新聞「媒體議題」的最後名次排序則爲：第一、「支持者周邊新聞」（加總分數=30.91）；第二、「政黨問題」（17.28）；第三、「配票新聞」（16.24）；第四、「國防議題」（14.69）；第五、「國家定位走向」（11）；第六、「賄選弊案」（9）。

而以此新排序指標，將報紙與網路新聞兩者「媒體議題」以單尾檢定（one-tailed）之皮爾森相關性分析（Person Correlation）作檢驗，得出r = .853，p < .05，亦顯示兩者亦呈現高度正相關，所以本研究假設二仍然獲得支持。

除了量化資料驗證外，本研究深度訪談的內容，大致亦符合此研究假設之論點。如受訪者B「聯合線上」股份有限公司某李姓高階主管，談到傳統媒體與網路媒體之間的議題擴張效果，表示：「當然有的，很多傳統媒體報導的新聞在經過網路媒體的報導後，都會很明顯的更凸顯它的重要性，特別是經過網友互動的發酵。有些新聞可能是傳統媒體的族群才會關心的話題，經過網路媒體報導，讓閱讀網路媒體的大眾也覺得很重要，有些議題擴張是強化重要性。」

另一方面，受訪者C「Yahoo新聞」製作某李姓高階主管亦表示：「現在傳統媒體還是掌握了議題設定的能力，所以網路媒體當然與傳統媒體之間具有議題擴張的效果。」並且，「就目前而言，議題設定效果還是操縱在傳統媒體的編輯臺裡，這種議題設定能力是由上而下的，網路媒體暫時無法取代。但是就閱聽人主動性這方面，由閱聽大眾共同來決定議題設定的過程，它的擴散效果、設定能力，在未來絕對會比傳統媒體更好。」

不過，網路媒體議題重要性排序與傳統媒體並不見得一致。李姓高階主管認爲：「以聯合新聞網爲例，通常會將議題排序做重新的考量，雖然網路與傳統媒體一樣，會使用版面的順序及位置來表達重要議題，但是網路通常會推薦一些閱聽人在傳統媒體上不容易看得到的優質新聞。譬如

說，現在的報紙都會因地理位置推出不同的地方版本，住在臺北的人就看不到新竹的地方新聞，但是網路媒體就會將出現在其他地方版的優質新聞，推薦給全部的網友看。」再者，「網路新聞在選擇議題的重要性時會考量到閱讀網路新聞的人是誰，以Yahoo的新聞為例，他們的閱讀族群以學生為主，所以他們就會把學生關心的新聞放在比較重要的位置，而聯合新聞網的閱讀族群以上班族居多，因此我們（聯合新聞網）在選擇重要新聞排序時，也會以上班族關心的議題優先。」受訪者C Yahoo新聞製作某李姓高階主管也指出：「網路新聞編輯的數量絕對比不上傳統媒體，另外對於每一個種類的新聞（如政治、體育等）也不盡然會瞭解、掌控得很好，因此在議題的重要性排序上，當然某種程度上會與傳統媒體有重複。不過目前Yahoo奇摩希望以電腦機制來選取閱聽人喜歡的新聞，希望議題的重要性排序能做出一些改變。」

此與本研究先前所預測，因為傳統媒體「第一層次守門人」與網路媒體議題的「第二層次守門人」對重要性排序的認知及選擇會有不同，因此，本研究在此兩者媒體的內容分析上，詳細區分了「篇幅大小比例」及「所占位置重要性排序」，並將研究假設二之擴張效果之檢驗，以兩指標整合作為分析方式，而得到量化資料之支持。

因此，綜合量化與質化資料，網路入口網站的媒體議題（Internet Media Agenda）與傳統大眾傳媒的媒體議題（Traditional Media Agenda）在其重要性排序上具有「議題擴張效果」（Agenda Expanding Effects），應是以傳統媒體「第一層次守門人」與網路媒體議題的「第二層次守門人」對議題重要性排序具有部分選擇之差異，但就整體議題之設定功能而言，透過「篇幅大小比例」及「所占位置重要性排序」兩種「設定議題顯著性」（Setting Issue Salience）之策略，最終仍對大部分受眾之公眾議題，產生了優先順序設定的效果。

③其他條件式變數（Contingent Variables）與網路議題設定之相關性

如前述及，議題設定研究中相當重要的一個中介變項是「媒體來源的

可信度」（source credibility），本研究因定位爲一探索性研究，旨在發掘初探性的網路議題設定效果，所以將先處理以上所述的網路媒體「外在面向」的可信度分析，以及此種網路媒體的可信度對與網路新聞的議題設定效果影響爲何。本研究假設三爲：「網路使用者認爲網路媒體的相對可信度愈高，網路新聞所呈現的媒介議題，對於該使用者所認知的公眾議題設定效果愈強。」

就電訪民調資料中有關受訪者對網路媒體可信度的評分，爲便於歸納分析，將電訪民調資料分成三類（Trichotomized），將「非常可信」及「可信」列爲「高可信度」，將「普通」列爲「中可信度」，「不可信」及「非常不可信」列爲「低可信度」，則其比例分別爲：「高可信度」31.6%，「中可信度」33.6%，「低可信度」20.5%。對網路媒體可信度評分與公眾議題作相關性檢驗，並採用如Winter（1981）等人所使用之MIP（Most Important Problem）分析方式，選取在網路媒體議題和公眾議題均爲比例排序第一之「選後泛藍組閣」議題，以Person相關分析，得出爲r = .649，p < .05，網路使用者認爲網路媒體的相對可信度愈高，網路新聞所呈現的媒介議題，與該使用者所認知的公眾議題設定效果呈現中度正相關。

本研究假設，網路使用者的上網時間愈長，網路新聞對於該使用者所認知的公眾議題，比較其他瀏覽網路時間較短的使用者，應該造成更大的影響。因此，本研究的第四假設是：「網路使用者瀏覽網站的時間（Media Exposure）愈長，網路新聞的議題，對於該使用者所認知的公眾議題設定效果愈大。」將電訪民調資料，網路使用者的上網時間自一天「2小時至3小時」及「3小時以上」之使用者，列爲「高度使用者」，一天「半小時至1小時」及「1小時至2小時」，列爲「中度使用者」，一天「半小時以下者」列爲「低度使用者」，則三者比例分別爲：「高度使用者」44.6%，「中度使用者」41%，「低度使用者」12.7%。以上網路使用者的上網時間與網路媒體議題和公眾議題MIP議題作皮爾森相關性分

析，得出r = .814，p < .05，表示網路使用者瀏覽網站的時間愈長，網路新聞的議題，對於該使用者所認知的公眾議題設定效果愈大，假設四得到統計上的支持。

依照傳播有限論和親身影響的研究（例如Larzasfeld），人際討論透過意見領袖（opinion leaders）的過濾，似乎會削弱大眾媒介訊息對於個人的影響。但是，如前所述，許多議題設定的學者認為，對於特定新聞事件有關的人際討論，不但不會削弱媒介議題對於公眾議題的影響，反而具有加強（reinforce）的效果。所以，本研究假設五為：「對於特定新聞有關的網路人際討論（Interpersonal Discussions）愈多，與該特定新聞相關的網路新聞議題設定的效果愈強。」民調資料顯示，對於本研究情境中立委選舉相關議題，回答「有參與在網路上聊天室和留言板的人際討論」的受訪者，和「沒有參與網路人際討論」的受訪者，若將兩次團體（sub-group）的公眾議題分別列出其排序，再與網路新聞議題設定排序做皮爾森相關性分析，其結果分別為：「有參與在網路上聊天室和留言板的人際討論」 r = .402，CI = 95%；而「沒有參與在網路上聊天室和留言板的人際討論」 r = .632，CI = 95%，顯示「沒有參與網路人際討論」的受訪者，網路新聞議題設定的效果高過於「有參與網路人際討論」的受訪者，其結果與本研究假設五相反，所以此假設並未得到統計上的支持。

但是，必須一提的是，有關網路人際討論這部分的民調資料，有兩個次團體之間樣本數嚴重不平均（sever imbalanced cases）的問題（回答「沒有參與在網路上聊天室和留言板的人際討論」的人占全體受訪者的95.1%，而「有參與網路人際討論」僅占4.4%），可能導致統計分析和解讀上的問題。此問題似乎必須在日後研究中，自研究方法和資料蒐集設計上著手，才有可能予以改善。

「需要引導的需求」（Need for Orientation）討論了當個人感受到對於特定的事件有高度的不確定感的時候，個人需要引導的需求愈高。而這樣的資訊需求，往往是透過大眾媒體來獲得滿足，以減少他們對於該特定

事件的不確定感。易言之，閱聽大眾的需要引導需求愈高，媒體的議題設定效果將會愈強。因此，本研究假設六為：「網路使用者對於特定新聞議題的『需要引導的需求』（Need for Orientation）愈高，網路新聞對於與該特定新聞議題有關的公眾議題設定效果愈強。」

民調資料顯示，受訪者對本研究之各項情境議題，顯然具有較高「需要引導的需求」（回答對立委選舉各議題非常不清楚或不確定者）之比例占大多數，為64%，中度者為20%，低度「需要引導的需求」者僅13%。以此「需要引導的需求」之比例與網路議題作皮爾森相關性分析，得出r = .981，p < .05，此高度正相關係數，證明網路使用者對情境中相關新聞議題的「需要引導的需求」（Need for Orientation）愈高，網路新聞對於與該特定新聞議題有關的公眾議題設定效果愈強，本研究假設六獲得統計上高度顯著性的支持。

就人口變項而言，議題設定的相關文獻指出（Wanta, 1997），教育程度愈高的民眾，比教育程度較低的民眾更容易瞭解新聞議題的涵義，所以較善於近用媒體，較能瞭解媒介訊息所要傳達的顯著性，因此，較強的媒體議題設定效果因此而產生。所以本研究假設七檢驗教育程度：「網路使用者的教育程度（Education）愈高，網路新聞的媒體議題對於該使用者的公眾議題設定效果愈強」。本研究將民調結果之教育程度三分為「高教育程度」63.1%，包含研究所、大學及大專學歷，「中教育程度」30.6%，包含高中及國中學歷，及「低教育程度」6.2%為國小學歷。以此與網路議題MIP作皮爾森相關性分析，得出r = .993，p < .05，表示網路使用者的教育程度（Education），和網路新聞的媒體議題設定功能呈現高度正相關，本研究假設七亦獲得統計上高度顯著性的支持。

如前所述，閱聽大眾對於特定新聞事件的親身經驗可能對媒體議題設定具有凌駕的作用。因此研究假設八為：「網路使用者對於特定新聞事件的親身經驗（Personal Experiences）愈多，該新聞事件媒體議題對於該使用者所認知的公眾議題設定效果愈低。」電訪民調的資料當中，將回

答對於本研究情境中，立委選舉的各項議題，「有親身接觸的經驗」的受訪者，和「沒有親身接觸的經驗」的受訪者，分為兩個次團體，將兩者的公眾議題分別列出其重要性排序，再分別和網路議題設定的排序做皮爾森相關性分析，其結果分別得出，「有親身接觸的經驗」相關性係數 r = .451，CI = 95%，和「沒有親身接觸的經驗」相關性係數 r = .861，p < .05。顯示「沒有親身接觸的經驗」的受訪者，其網路新聞議題設定的效果，遠高於「有親身接觸的經驗」的受訪者，因此，研究假設八得到統計上顯著性的支持。

不過，這樣的結果，也必須非常謹慎地以統計分析上的原則再行檢討，例如：對於立委選舉相關議題「有親身接觸經驗」的受訪者，和「沒有親身接觸經驗」的受訪者，兩者的比例，如同研究假設五有關與網路人際討論的資料類似，同樣具有樣本數不平均的問題（回答「沒有親身接觸經驗」的人占全體受訪者的92%，而「有參與網路人際討論」占7.6%），因此仍有賴日後研究再行改善，才可對以上統計支持的結果有更進一步的確認。

最後，與議題設定文獻較不同的假設檢驗，是本研究參考政治過程、政治傳播和電腦中介傳播研究的相關文獻，以及配合本研究情境的2005年臺灣立委選舉可能具有之特性，考慮加入政黨屬性（Party identification），以及科技熟稔度（Techno-proficiency）等不同於傳統議題設定研究的變數。

大部分議題設定研究經常將政治興趣（Political Interests）當做是中介變項之一，不過，網路使用者所指涉的政治興趣可能十分廣泛且概念較為模糊。另一方面，許多研究臺灣選舉和政治行為與媒介訊息交互作用的文獻顯示，各類選舉時（尤以中央級選舉更為顯著），選民的「政黨屬性」在其選舉態度和行為，以及其對於特定的公共議題和政策上的認知，通常具有關鍵性的影響力（Lin, 2000; 2002）；故本研究之假設九擬測試：「網路使用者的政黨屬性（Political Identification）愈高，網路新聞

新媒體與民意：理論與實證

的媒介議題對於該使用者所認知的公眾議題設定效果愈強。」

民意調查的資料中，有關於政黨屬性的程度高低，是以連續的兩個問卷問題加以測量；第一題（問卷第23題）先問受訪者其「理念上所認同的政黨為何」，後續再加以測量（問卷第24題）該受訪者對於所認同政黨的「認同程度」有多高，藉以得出其政黨屬性程度的高低。其中，若是在第一題回答「完全不認同任何政黨」或回答「不知道／無意見」的受訪者，則不續問及列入後續政黨認同的計算。

民調資料結果，有效回答連續兩個問題，確定認同政黨及其認同感程度高低的受訪者，總共占全部受訪者的37.6%；而「完全不認同任何政黨」或回答「不知道／無意見」的受訪者，所占的比例分別是36%以及21.8%。若以皮爾森相關性分析確定認同政黨及其認同感程度高低的受訪者，並將其政黨認同感區分為高、中、低三級，則此三個次團體的公眾議題與網路媒體議題的相關性係數（2-tailed）分別為：認同感高$r = .802$，$p < .05$，認同感中$r = .796$，$p < .05$，認同感低$r = .911$，$p < .01$，三者的差異性似乎並不大。

若再將回答「完全不認同任何政黨」或「不知道／無意見」的受訪者之公眾議題，和網路媒體議題作皮爾森相關性分析，得出$r = .778$，$p < .05$，此與上述具有政黨認同感三者之相關性係數，似乎亦未能達到十分顯著的差異。因此，資料結果顯示，網路媒體議題設定效果，似乎全面性地影響了大部分的受眾，其政黨屬性並未具有在統計上的顯著性意義。

本研究之前指出，在新傳播媒體的研究當中，和傳統媒體不同，使用者的「科技熟稔度」（Technological Proficiency），經常對於新傳播媒體（例如網路）所產生的效果具有相當程度的影響力。比如：在數位落差（Digital Divide）的研究（Gattiker, 2001）當中，得以使用科技的能力，包含了具有經濟能力「近用」（get access to）新傳播科技媒體，也包含瞭解與具有科技駕馭的能力。得以使用科技的能力愈強的民眾，相較於能力較低的人，經過了特定的時間，愈容易產生數位落差。從另一個角度而

言，網路使用者的科技熟稔度愈高，相對於熟稔度較低的使用者而言，其網路近用性可能愈高，網路使用也應更具有廣度及深度，對於特定的新聞事件，更有可能利用網路新聞搜尋所欲知的資訊，因此更容易受到網路新聞媒體議題設定的顯著性影響。所以，本研究測試出假設十：「網路使用者的科技熟稔度（Technological Proficiency）愈高，網路新聞的媒介議題，對於該使用者所認知的公眾議題設定效果愈強。」根據民調資料，若將受訪者科技熟稔度分為高、中、低三級，其中「非常熟悉」及「熟悉」列為高，「普通」列為中，「非常不熟悉」及「不熟悉」列為低，則其與網路媒體之MIP議題作Person相關性分析，其係數r = .645，p < .05；因此，本研究假設十，可以在統計意義上推論，網路使用者的科技熟稔度，對於網路新聞的媒介議題，設定了該使用者所認知的公眾議題效果之間，具有中度相關性。

（3）結論與建議未來可能之研究方向

議題設定理論已經成為大眾傳播和政治傳播研究中最重要的經典之一，議題設定的第二層級（the second-level Agenda-setting）也已發展出和框架理論（framing）與預示理論（priming）相互輝映甚至結合的趨勢（McCombs, Shaw, & Weaver, 1997）。McCombs 本人在 *Communication and Democracy: Exploring the Intellectual Frontiers in Agenda-Setting Theory*（1997）一書中宣稱：「遊戲還在進行中！」（The game is afoot!），在資訊社會的強勢發展之下，議題設定繼續擴展其理論探究範疇的過程，似乎也可將新傳播媒體對於議題設定的效果納入其新的領域。本研究即是針對這樣的目標所進行的一小步嘗試。如前所述，據本研究作者目前所瞭解的國內、外相關文獻，本計畫應是第一份針對網路使用者最常瀏覽的入口網站新聞所具有的議題設定功能之分析。

另外，對於網路傳播的研究而言，Ku（谷玲玲）（1995）在建構一個新的電腦中介傳播研究架構（Toward a Research Framework for Comput-

新媒體與民意：理論與實證

er-Mediate-Communication）的文章中主張，電腦中介傳播已經模糊了大眾傳播理論所研究的傳統文本和內容之間的界線，新傳播資訊科技的發展已經開始重新界定人類傳播的過程，研究者也應該要對於資訊和傳播過程的相關概念重新予以界定。

因此，本書所嘗試瞭解的網路議題設定功能，整合了網路政治、議題設定理論與守門人理論的再探，配合網路的特性加以研究和分析。作為一個初探性研究，本書的研究問題集中在分析網路新聞可能的議題設定功能，嘗試解答以下的問題：透過網路虛擬空間，網路新聞是否具有議題設定的功能？如果此種功能確實存在，一個完整的「網路議題設定過程」又為何？這樣的議題設定功能，對於網路使用者而言，又產生了何種效果？網路使用者所認知的公眾議題，又透過了哪些變數而受到影響？這樣的網路議題設定功能，對於學術和實務界而言，又有什麼樣的啟發？後續的研究又該如何進行？這些研究成果，對於網路政治的學術界和實務界，甚至政府相關機構，在超媒體聚合（convergence of the hyper media）的資訊時代中，對於網路公民（Netizens）透過傳統傳媒和新的資訊傳播媒體影響的新型態政治認知及其形塑過程，抑或是公共政策的溝通和形成，應可提供一個具有價值參考的方向。

本書並詳細分析議題設定和新傳播媒體研究的數個重要條件式變數間的關係，例如：網路媒體的相對可信度、網路新聞需要引導的需求、網路人際討論、網路使用者的科技熟稔度和網路議題設定效果之間的關係，大部分假設之分析均得以證實，亦將對相關文獻和研究提供進一步的參考價值。

另一個對未來學術研究和實務操作影響頗大的主題是，如果網路議題設定功能確實存在，透過網路虛擬空間的特性，和網路新聞相較於傳統媒體不同的產製方式，以及新傳播媒體特殊的守門人過程，則未來的媒介、公眾、或政策議題（media, public, or policy agenda）操作上，各種論題倡議者（issue proponents），例如政治菁英、利益團體、政府機構、或者媒

介本身，都必須認知此種不同的議題設定的運作模式，一定程度上將被迫依循新的網絡議題生命週期（The Life Cycle of Internet News）過程，進行新的論題提出和管理的策略；本研究作者認為，因為網路入口網站的新聞交換和新聞連結的特性，未來的網路議題設定策略者，可能會如同駭客利用類似熟悉電腦軟硬體結構所編寫的特定電腦病毒一般，以所謂「**網路議題病毒**」（**Internet Agenda Virus**）（本研究作者暫稱之）的方式，在不同的網路虛擬空間「啟動」（initiate）其所想要的特定議題，再透過這些虛擬空間的相互連結，逐漸「擴散」（spread out）此特定議題，達到攻占在入口網站新聞該特定議題顯著性（the salience of certain issues）的目的。更有甚者，十分熱門的網路議題有可能「反攻」回傳統大眾傳媒的議題，達到議題「反向擴張效果」（The Reversed Agenda Expanding Effects）。

因為網路的特性，這些相較於傳統大眾媒體（如報紙和電視），更可以輕易發動議題的虛擬空間至少包括：聊天室（Chat rooms）、BBS（Bulletin Board System）、新聞族群（News groups）、新聞電子名單（News lists）、特定的網路虛擬族群俱樂部（Various Internet families, groups, or clubs）等。本文無意指涉網路議題策略者等同於電腦駭客，只是以此例說明，在資訊時代若熟稔科技運作特性，所可能具有的與一般使用者不同的駕馭能力。

以上的「網路議題病毒」及其擴散過程和策略問題，因牽涉網路使用者人際關係和互動性的研究，並不在本書的涵蓋範圍之內，建議為未來研究可參考之方向。

參考文獻

一、中文部分

王石番、劉文卿、胡幼偉（2000）。網路使用人口結構及使用動機調查分析。臺北：行政院研究發展考核委員會。

王佳煌（2002）。電子化政府與電子民主：以臺北市政府爲例。取自http://www.npf.org.tw/PUBLICATION/IA/091/IA-R-091-058.htm

方念萱（2005）。〈與誰相共？臺灣公共媒體公共性的紮根法研究──以公共電視公眾近用節目爲主〉，收錄於：自反縮不縮？新聞系七十年，臺北：政治大學。

Tim Jorden著，江靜之譯（2001）。網路空間與網際網路的文化與政治。臺北：韋伯文化。

李郁青（1995）。媒介議題設定的第二面向：候選人形象設定效果研究。國立政治大學新聞所碩士論文。

沈慧聲，林美惠，陳建安，賴志偉（2001）。網路新聞群組與政策議題形成互動之研究，行政院研究發展考核會委託研究報告。

林志文（1999）。電子化政府與民意表達行爲。國立中正大學政治學系暨研究所碩士論文。

林玲妃（1996）。相逢何必曾相識─網際網路上的人際關係。國立臺灣大學新聞研究所碩士論文。

胡幼偉（2002）。民意研究。世新大學傳播研究所上課內容，未出刊。

胡幼偉、鄭麗琪（1999）。網路選舉資訊使用者素描:社會背景、政治參與及傳播行爲的多面向觀察，理論與政策，51，54-86。

洪貞玲、劉昌德（2003）。線上全球公共領域？網路的潛能、實踐與限制，資訊社會研究，6，341-364。

洪雅慧（2010）。網路競選傳播。臺北：五南。

洪懿妍（1997）。網路使用者對電子報的認知圖像──以交大資科BBS站爲例。國立政治大學新聞研究所碩士論文。

徐千偉（2000）。網際網路與公民參與－臺北市政府網路個案分析。國立政治大學公共行政學系碩士論文。

徐良容（2000）。網際網路對選舉之影響。國立臺灣大學國家發展研究所碩士論文。

翁芳怡（2000）。民主行政與電子化民主：我國地方政府網路民意論壇版面的探討。東海大學公共行政研究所碩士論文。

翁秀琪（2002）。大眾傳播理論與實務。三民。

孫秀蕙（1997）。如何研究網路傳播，傳播研究簡訊，9，1-6。

孫國祥（2001）。電子民主社會之願景與因應之道，E-Soc Journal11，取自 http://mail.nhu.edu.tw/~society/e-j/index.htm。

Morris, D.（1999）. Vote.com. 張志偉中譯（2000）。網路民主。臺北：商周。

張慧銖（1996）。資訊科技與民主化，國家與資訊學刊，21-27。

彭芸（2001）。新媒介與政治：理論與實證。臺北：五南。

陳百齡（1997）。邁向網路新聞媒體－美國報業的轉型與挑戰，「展望新世紀國際學術研討會」論文集，臺北：銘傳大學，57-78。

陳芸芸（1999）。議題設定理論第二層次探析－以臺北市公娼存廢議題為例。國立政治大學新聞研究所碩士論文。

陳俊宏（1998）。我對亞洲價值論述的幾點看法，臺灣人權會內通訊，6，44-43。

陳韻如（1993）。新聞事件的意義建構與受眾認知關係之研究－從受眾推論看新聞框架的影響。國立政治大學新聞研究所碩士論文。

郭俊良（1980）。編輯部的守門行為：一個「組織」觀點的個案研究。國立政治大學新聞學研究所碩士論文。

項靖（1999）。理想與現實：地方政府網路公共論壇與民主行政之實踐，「民主行政與政府再造」學術研討會論文，臺北：世新大學。

黃啟龍（2001）。網路上的公共領域實踐-以弱勢社群網站為例。世新大學傳播研究所碩士論文。

黃瑞祺（1998）。理性討論與民主：哈伯碼斯之溝通理論的民主意涵，收錄

在蕭高彥、蘇文流編《多元主義》，中央研究院中山人文社會科學研究所，337-377。

黃學碩（1996）。網際網路公共傳播內容的分析－以交大BBS站為例。國立交通大學傳播研究所碩士論文。

黃寶慧（2001）。網站政府與網路公民－以市府一級機關網站之網頁建置功能為例。國立臺北大學公共行政暨政策學系碩士論文。

黃瓊儀（2001）。從網路民主到文化霸權。取自http://mail.nhu.edu.tw/~society/e-j/13/13-6.htm

曾慶豹（1999）。哈伯瑪斯。臺北：生智文化事業有限公司。

楊意菁（2012）。網路意見的新聞再現與公眾想像：「網友說」新聞的文本分析。中華傳播學會研討會論文。臺中：靜宜大學。

蔡青燕（1999）。臺灣地區報社網站討論區運作與管理之研究。私立銘傳大學傳播研究所碩士論文。

蔡秀菲（1998）。虛擬實境在網路學習環境之研究：以健康教育為例。國立交通大學傳播研究所碩士論文。

蔡美瑛（1995）。議題設定理論之發展：從領域遷徙、理論延展到理論整合，新聞學研究，50。臺北：國立政治大學新聞研究所。

Hennessy, B. (1985), Public Opinion. 趙雅麗等譯（1995）。民意。臺北：五南。

臧國仁（1999）。新聞媒體與消息來源－媒介框架與真實建構之論述。臺北：三民。

鄭德之（2000）。臺灣網路民主初探－立法委員網路使用之研究。世新大學傳播研究所碩士論文。

廖淑伶（1990）。議題設定效果因素之探討：媒介特性、人口變項、傳播行為與媒介議題設定之關聯性分析－以大臺北地區為例。國立政治大學新聞研究所碩士論文。

劉從哲（2002）。自立晚報編輯部各級守門人行為之研究。私立銘傳大學傳播管理研究所碩士論文。

賴繡妮（2002）。政策制定過程中公民參與之研究。國立暨南國際大學公共

行政與政策學系碩士論文。

韓智先（2000）。網路討論區的議題設定效果研究：以中華民國89年總統大選為例。私立淡江大學傳播研究所碩士論文。

瞿海源（1997）。資訊網路與臺灣社會—網路使用的社會意義。行政院經濟建設委員會委託研究計畫。

謝佳珍（1999）。新聞媒體民意調查單位組織運作現況：權力與守門觀點之探討。國立臺灣師範大學大眾傳播研究所碩士論文。

劉駿州（1997）。電子資訊網路使用與生活品質之關連性研究，行政院國科會專題研究計畫成果報告。

二、英文部分

Alexander, J., & Jacobs, R. (1998). *Mass communication, ritual and civil society*, in T. Liebes and J. Curran (eds), Media, Ritual and Identity. London: Routledge. 23-41.

Allport, F. H. (1937). Toward a Science of Public Opinion. *Public Opinion Quarterly, 1*(1), 7-23.

Appadurai, A. (1990). Disjuncture and difference in the global cultural ecomony, in M. Featherstone (Eds), *Global Culture: Nationalism, Globalisation and Modernity*. London: Sage.

Arterton, C. F. (1987). *Teledemocracy*, California: Sage.

Axford, B., & Huggin, R. (2001). *New media and politics*. London: Sage.

Axford, B. (2001). The transformation of politics or anti-politics? In B. Axford & R. Huggins (Eds.),*New media and politics*, 1-30. London: Sage.

Bailey, C. A., & Lichty, L. W.（1972）. Rough Justice on a Sigon Street: A Gate Study of NBCs Tet Execution Film, J.Q.,49:221-29.Bass,A. Z.(1969),"Refining the Gate Keeper Concept: an UN Radio Case Study, *Journalism Quarterly, 46*, 69-72.

Ball-Rokeach, S. J., & Reardon, K.(1988). *Monologue, Dialogue, and Telelog: Comparing an Emergent From of Communication with Traditional Forms.*, In R.

Hawkins et. al.,(eds.), Advancing Communication Science: Merging Mass and Interpersonal Process, 135-161, CA: Sage Publications, Inc.

Barber, B. (1984). *Strong democracy*. Berkeley: University of California Press.

Barber, B. R. (1997). The new telecommunications technology: Endless frontier or the end of democracy?", *Constellations, 4(2),* 208-228.

Barber, B. (1998). *Democracy and digital media: which technology and which democracy?*, presented at the conference on 'Media in Transition', MIT. Retrieved from http://media-transition.mit.edu/conderences/democracy/barber.html

Bass, A. Z.(1969). Refining the gatekeeper concept. *Journalism Quarterly, 46,* 69-67.

Beck, U. (1999). *World Risk Society.* Cambridge: Polity

Beck, U. (1997). *The Reinvention of Politics. Rethinking Modernity in the Global Social Order.* Cambridge: Polity.

Bentham, J. (1994). Of Publicity. *Public Culture* 6(3), 581-595.(Original work published 1791).

Berelson, B., & Morris J, eds. (1950). *Reader in Public Opinion and Mass Communication.* New York: Free Press.

Bernays, E. L. (1961). *Crystallizing Public Opinion.* Liveright.(Original work published 1923).

Blumer, H. (1948). Public Opinion and Public Opinion Polling. *American Sociological Review 13,* 542-554.

Blumer, H. (1966). The Mass, the public, and Public Opinion. In *Reader in Public Opinion and mass Communication,* edited by B. Berelson and M. Janowiz, 43-50. NY: Free press.(Original work published 1946).

Bonchek, M. S. (1995). *Political Participation on the Internet,* On-line paper. Retrieved from http://www.ai.mit.edu/projects/ppp/summary.html.

Brants, C. (1998). *Manchester: Democratic implications of an economic initiative?,* in Roza Tsagarousianou, Damian Tambini, and Cathy Bryan (Eds), Cyberdemocarcy: Technology, cities and civic networks, London: Routledge,

152-166.

Browning, G. (1996). *Electronic Democracy: Using the Internet to Influence American Politics*, Wilton, CT: Pemberton Press.

Burnham, D. (1983). *The Rise of the Computer State*. London: Weidenfeld & Nicolson.

Converse, P. (1962). Information flow and the stability of partisan attitudes. *Public Opinion Quarterly*, 26, 578-599.

Dearing, J. W., & Rogers, E. M. (1996). *Agenda-Setting*. Thousand Oaks: Sage.

DeLoach, A. (1996). *What Does it Mean to be a Netizen?*. Retrieved from http://www.december.com/cmc/mag/1996/sep/callnet.html (visited 2000/12/25).

Dewey, J. (1991). *The Public and Its Problems*. Athens: Swallow. (Original work published 1927).

Downs, A. (1957). *An Economic Theory of Democracy*. NY: Harper.

Etling, B., Kelly J., Faris R., & Palfrey J. (2009) *Mapping the Arabic Blogosphere: Politics, Culture, and Dissent*. Berkman Center Research Publication No. 2009-06. June, 2009, Harvard University.

Fisk, J. (1995). *Media matters: Everyday culture and political changes*. Minneapolis: University of Minnesota Press.

Ghanem L. (1997). *Filling in the Tapestry: The Second Level of Agenda Setting*. In McCombs, M. E. & Shaw, D. I ., Weaver, D. H (1997) Communication and Democracy: Exploring the Intellectual Frontiers in Agenda-Setting Theory. London: Lawrence Erlbaum Association Publishers.

Giddens, A. (1998). *The third way: The renewal of social democracy*. Cambridge: Polity.

Gieber, W. (1994). *News is what a Newspaper Makes it*, in Dexter Lewis, & White, David. Manning (Eds.) people Society & Mass Communication, NY: The Free Press.

Gubash, G. J. (1997). *The impact of the internet on popular democracy in the United States*, Master thesis, Saint Mary's university of Minnesota, On-line

Paper. Retrieved from http://www.freenet.msp.mn.us/people/gubash/thesis. html(visited 1999/10/20).

Habermas, J. (1970). *Toward A Rational Society: Student Protest, Science, and Politics*. Boston: Beacon Press.

Habermas, J. (1989). Javnost (leksikonsko geslo). In J. Habermas, *Strukturne spremembe javnosti*, 293-299. Ljubljana: Studia Humanitatis. (Original work published 1962).

Habermas, J. (1996). *Between Facts and Norms: Contributions to a Discourse Theory of Law and Democracy*, Cambridge: Polity Press.

Hacker, K. L. (1996). Missing links in the evolution of electronic democratization, *Media, Culture & Society, 18*, 213-232.

Hagen, M. (1997). *A Typology of Electronic Democracy*, On-line Paper, Retrieved from http://www.unigiessen.de/fb03/vinci/labore/netz/hag_en.html.

Hegel, G. W. F. (1971). *Philosophy of Right*. Translated with notes by T. M. Knox. London: Oxford University Press.(Original work published 1821).

Herbst, S. (1993). *Numbered Voices: How Opinion Polling Has Shaped American Politics*. Chicago: University of Chicago Press.

Herbst, S. (1995). On Electronic Public Space: Talk Shows in Theoretical Perspective. *Political Communication, 12*(3): 263-274.

Iyengar. S., & Kinder ,D. R. (1987). *News that matters: Television and American opinion* .Chicago: University of Chicago Press.

Kant, I. (1952). *The Critique of pure Reason*. Chicago: Encyclopedia Britannica.(Original work published 1781).

Krieger, J. (1999). *British politics in the global age: Can social democracy survive?* Cambridge: Polity.

Krosnick, J. A. (1991). Response strategies for coping with the cognitive demands of attitude measures in surveys. *Applied Cognitive Psychology, 5,* 213-236.

Ku, L. L. (谷玲玲) (1995). Toward a research framework for computer-mediated-communication, 廣播與電視，第二卷第一期，頁185-212。

Lyotard, J. (1984). *The Post Modern Condition: A Report on Knowledge.* MN: University of Minnesota Press.

Lin, W. K. (2002). *Attacks and Counterattacks in the Formation of Public Issues in Taiwan— An Inoculation Approach*, a paper presented at Annual Convention of Association for Education in Journalism and Mass Communication (AEJMC), Miami, USA, August, 2002.

Lin, W. K. & Pfau, M. (2002). *Inoculation Strategy in the Process of the Spiral of Silence—Changes of Public Opinion Formation*, a paper presented at Annual Convention of International Communication Association (ICA), Seoul, South Korea, July, 2002.

Lippmann, W. (1960). *Public Opinion.* NY: Macmillan.(Original work published 1922).

Luke, T. (1998). *From nationality to nodality: How the politics of being digital transforms globalization*, paper presented at the annual meeting of the American political Science Association, San Francisco, 3-6 September.

MacKinnon, W. A. (1971). *On the rise, Progress, and Present state of Public Opinion, in Great Britain, and Other Parts of the World.* Shannon: Irish University Press.(Original work published 1828).

Macpherson, M. (1997). *Open Forum: Citizens Resolve*, On-line Paper. Retrieved from http://www.snafu.de/~mjm/prop2.html

Mayhew, L. H. (1997). *The New Public: Professional Communication and the Means of Social Influence.* Cambridge*: Cambridge University Press.*

McCombs, M. E. (1997). Building Consensus：The News Media's Agenda-Setting Roles. *Political Communication. 14*, 433-443.

McCombs, M. E., & Evatt, D. (1995). *Issue and attributes: Exploring a new dimension in agenda-setting.* Manuscript prepares for Communication Y Sociedad, a publication of the University of Navarra in Pamplona, Spain.

McCombs, M. E., & Shaw, D. L. (1972). The Agenda-setting function of mass media *Politic Opinion Quarterly. 36*(2), 176-189.

McCombs, M. E., & Shaw, D. L. (1977). *Agenda-setting and the political process.* In D. L. Shaw & M. E. McCombs (Eds.), The emergence of American political issues: the agenda-setting function of the press, 149-156. St. Paul: MN: West.

McCombs, M. E., Shaw, D. L., & Weaver, D. (1997). *Communication and democracy.* Mahwah, NJ: LEA.

McLeod, J. M., Becker, L. B., & Byrnes, J. E. (1974). Another look at the agenda-setting function of the press. *Communication Research, 1,* 131-166.

Melucci, A. (1996). *Challenging Codes. Collective Action in the information Age.* Cambridge University Press.

Negt, O., & Alexander K. (1973). *Oeffentlichkeit und Erfaheung: Zur Organisationsanalyse von bfirgerlicher und proletarischer Oeffentlichkeit. Frankfurt:* Suhrkamp.

Noelle-Neumann, E. (1977). Turbulencers in the Climate of Opinion: Methodological Applications of the Spiral of Silence Theory. *Public Opinion Quarterly, 41,* 2: 143-158.

Noelle-Neumann, E., & Mathes, R. (1987). The"event as event"and the"events news": The significance of " consonance" for media effects research. *European Journal of Communication, 2,* 391-414.

Page, B. I. (1996). *Who Deliberates? Mass Media in Modern Democracy.* IL: The University of Chicago Press, 1996.

Page, B. I., & Tannenbaum, J. (1996). Populistic Deliberation and Talk Radio. *Journal of Communication, 46*(2), 33-54.

Paulsen, M. F. (1995). *An Overview of CMC and the Online Classroom in Distance Education.* In Z. L. Berge & M. P. Collins (eds.).Computer Mediated Communication and the Online Classroom. NJ: Hampton Press.

Pew Research Center (2008). *Internet's Broader Role in Campaign 2008: Social Networking and Online Videos Take Off,* Retrieved from http://www.people-press.org/2008/01/11/internets-broader-role-in-campaign-2008/

Reese, S. D. (1991). Setting the media's agenda: A power balance perspective.

Communication Yearbook,14, 309-339.

Rogers, E. M., & Dearing, J. M. (1988). Agenda-setting research: Where has it been, where is it go? *Communication Yearbook,11*, 555-594.

Ross, A. (2001). *In the Age of e-Journalism*. Retrieved from http://www.media-week.com/mediaweek/daily-news

Rousseau, J. J. (1947). *The Social Contract*. Translated by C. Frankel. New York: Hafner. (Original work published 1762).

Rheingold, H. (1993). *The virtual community*. New York: Harper Perennial.

Schultz, T. (2000). Mass media and the concept of interactivity: an exploratory study of online forum and reader email. *Media, Culture & Society, 22*, 205-221.

Shapiro, M. (1995). *Bowling blind: Post liberal civil society and the worlds of neo-Tocquevillian social theory*. Baltimore: John Hopkins University Press.

Shoemaker, P. J. (1991). *Gatekeeping*. NY: Sage.

Singer, E. (1987). Edirots's introduction. *Public Opinion Quarterly 51*, 4, pt. 2: S1-S3.

Slevin, J. (2000). *The Internet and society*. Cambridge: Polity.

Speier, H. (1995). The Rise of Public Opinion. In *Propaganda*, edited by R. Jack-all, 26-46. NY: New York University Press.

Splichal, S. (1999). *Public Opinion: Developments and Controversies in the Twentieth Century*. NY: Rowman & Littlefield.

Strack, F., & Martin, L. (1987). Thinking, judging, and communicating: A process account of context effects in attitude surveys. In H. Hippler, N. Schwarz, & S. Sudman (Eds.), *Social information processing and survey methodology* (pp. 123-148). NY: Springer-Verlag.

Sun, S., & George A. B. (1994). The International Telephone Network and Democratization. *Journal of the American Society for Information Science, 45*(6), 411-421.

Takeshita, E. (1997). *Exploring the Media's Roles in Defining Reality: From Issue-Agenda Setting*. To Attribute-Agenda Setting. In McCombs, M.E & Shaw, D. 1 .

Thompson, J. (1995). *The Media and Modernity: A Social Theory of the Media*. Cambridge: Polity Press.

Tönnies, F. (1923). Macht und Wert der Öffentlichen Meinung. Die Diouskuren: Jahrbuch füreisteswissenschaften, *2*, 72-99.

Tourangeau, R., & Rasinski, K. (1988). Cognitive processes underlying context effects in attitude measurement. *Psychological Bulletin*, 103, 299-314.

Tourangeau, R., Rips, L. J., & Rasinski, K. (2000). *The Psychology of Survey Response*. UK: Cambridge University Press.

Wanta, W. (1991). Presidential approval ratings as a variable in the agenda-building process. *Journalism Quarterly, 68*(4), 672-679.

Ward, M. (1996). The Effect of the Internet on Political Institutions. *Industrial and Corporate Change, 5*(4), 1127-1142.

Weaver, D. H. (1984). Media agenda-setting and public opinion: Is there a link? In R. N. Bostrom (Eds.),*Communication yearbook 8, 680-691*. Beverly Hills, CA: Sage.

White, C, S. (1997). Citizen Participation and the Internet: Prospects for Civic Deliberation in the Information Age. *Social Studies, 88*(1), 23-28.

Williams, R. (1976). *Communications*. Harmondworth, U.K.: Penguin.(Original work published 1962).

Willnat, L. (1997). *Agenda-Setting and Priming : Conceptual links and Difference*. Thousand Oaks: Sage.

Winter, J. P. (1981). Contingent Conditions in the Agenda-setting by Television News. *Public Opinion Quarterly, 49,* 340-350.

Zaller, J. (1994). Positive Constructs of Public Opinion. *Critical Studies in mass Communication 11*, 276-287.

Zaller, J. (1996). *The Nature and Origins of Mass Opinion*. NY: Cambridge University Press.

附錄一

調查問卷

****

您好：

此問卷為「輔仁大學大眾傳播研究所」教授所主持的國科會研究計畫，本研究的目的在於瞭解入口網站的電子新聞對於網路使用者的影響程度。此問卷的資料僅作為學術研究之參考，並對您個人的資料予以保密，謝謝您的填寫。

輔仁大學大眾傳播研究所　助理教授　林維國

研究助理　張樹人

江汶聆

敬上

****

一、網路使用習慣

1.請問您平時有使用過哪些網路功能？（可複選）

（1）BBS　　　　（2）入口網站　　　（3）FTP　　　　（4）E—mail

（5）線上聊天室　（6）網路留言版　　（7）Newsgroup　（8）其他

2.請問您每天花多少時間來上網？

（1）30分鐘以下　（2）30分鐘—1小時　（3）1小時—2小時

（4）2小時—3小時　（5）3小時以上

3.請問您平時使用哪種方式上網？

（1）數據機撥接　（2）ADSL　　　　（3）Cable Modem　（4）其他

4.您有使用入口網站作為您的瀏覽器首頁，或搜尋工具嗎？

（1）有　　　　　（2）沒有

5.請問您使用的入口網站是哪一個？

（1）Yahoo!奇摩　　（2）蕃薯藤　　　　（3）PChome Online

（4）新浪網　　　　（5）其他

二、對入口網站新聞的看法

6.有關於公共事務、政治與國家大事的消息，您最主要從何種管道得知？

（1）電視　　　　　（2）報紙　　　　　（3）廣播　　　　　（4）雜誌

（5）透過入口網站的新聞（如Yahoo!奇摩、蕃薯藤等）

（6）直接進入電子報網站（中時電子報、聯合線上等）

（7）親朋好友　　　（8）其他

7.請問您會注意入口網站上的<u>新聞標題</u>嗎？

（1）每次都會　　　（2）偶而會　　　　（3）完全不會

8.請問您一天花多少時間在瀏覽網路新聞？

（1）30分鐘以下　　（2）30分鐘—1小時　（3）1小時—2小時

（4）2小時—3小時　（5）3小時以上

9.您同意與一般的傳播媒體（如報紙、電視）相比，入口網站（如Yahoo!奇摩、蕃薯藤等）上的新聞是可以相信的嗎？

（1）非常同意　　　（2）同意　　　　　（3）普通　　　　　（4）不同意

（5）非常不同意

10.相較於傳統媒體對於「重點新聞」在版面或時段上的安排，都放在最前面或最醒目的位置，您同意入口網站的新聞排列也具有此種性質嗎？

（1）非常同意　　　（2）同意　　　　　（3）普通　　　　　（4）不同意

（5）非常不同意

三、對公共議題的看法

11.請問您認為在立委選舉前幾天，最重要的<u>公共議題</u>的排序是什麼？ 請列出最重要到最不重要的排序（第一重要以1表示，第二重要以2表示，以此類推）：（此題選項隨機排序）

＿＿＿＿＿選舉配票與棄保

_____ 同志團體推舉立委名單

_____ 全國各地查緝賄選

_____ 競選期間的環保問題

_____ 泛藍過半將組閣

_____ 行政資源中立與否

_____ 國營企業與外館正名

_____ 其他

12.請問您是否關心這次立委選舉的各項議題？

（1）非常關心　　　（2）關心　　　　（3）普通　　　　（4）不關心

（5）非常不關心

13.您對這次立委選舉各項議題所討論的內容是否十分清楚？

（1）非常清楚　　　（2）清楚　　　　（3）普通　　　　（4）不清楚

（5）非常不清楚

14.請問您是否曾經在網路上主動搜尋有關這次立委選舉的各項議題的新聞資
訊呢？

（1）有　　　　　　（2）沒有

15.請問您是否曾經針對這次立委選舉的各項議題，參與網路聊天室、留言版
的討論？

（1）有　　　　　　（2）沒有

16.請問您是否曾經針對這次立委選舉的各項議題，和周遭親朋好友面對面討
論過？

（1）有　　　　　　（2）沒有

17.這次立委選舉的各項議題，您有親身接觸的經驗嗎（例如親自參與該議題
或活動等）？

（1）有　　　　　　（2）沒有

四、基本資料

18.請問您的性別是？

（1）男　　　　　　（2）女

19.請問您的教育程度是？

（1）國小及以下　　（2）國中　　　　　（3）高中職　　　　（4）專科

（5）大學　　　　　（6）研究所以上

20.您對網路和電腦相關科技工具的應用熟悉嗎？

（1）非常熟悉　　　（2）熟悉　　　　　（3）普通　　　　　（4）不熟悉

（5）非常不熟悉

21.請問您的年齡是？

（1）20歲以下　　　（2）20-30歲　　　（3）30-40歲　　　（4）40-50歲

（5）50歲以上

22.請問您的職業是？

（1）學生　　　　　（2）專門技術人員（包含資訊電腦相關工程師）

（3）商　　　　　　（4）軍公教　　　　（5）農林漁牧　　　（6）工

（7）服務業　　　　（8）自由業　　　　（9）家管　　　　（10）其他

23.請問您較為認同哪一個政黨？

（1）民進黨　　　　（2）台聯黨　　　　（3）國民黨（含新黨）

（4）親民黨　　　　（5）完全不認同任何政黨

24.（回答上題1-4續答）您對該政黨的認同度有多高？

（1）非常認同　　　（2）認同　　　　　（3）普通

您已順利完成此份問卷，感謝您！

附錄二
深度訪談題綱及結果摘要

受訪者A：某大學傳播學者

題綱

1.您認為在網路新聞（入口網站、電子報等等）的議題重要性排序，是否會與傳統媒體的議題重要性排序具有一致性？

2.與傳統大眾媒體相比較，網路新聞媒體的可信度如何？

3.您認為在網路新聞（入口網站、電子報等等）的議題重要性排序，是否會與傳統媒體的議題重要性排序具有一致性？

4.傳統媒體與網路媒體相比較，您認為哪種媒體議題設定的效果較強？

5.與傳統媒體相較，您認為網路媒體的近用性是否較高？這對於整體議題擴散的效果是否有影響？

6.請問您認為傳統大眾媒體與網路媒體的議題之間有沒有「擴張（共振）效果」（新聞議題由傳統大眾媒體擴張至網路媒體）的存在？

7.傳統媒體與網路媒體相比較，網路媒體多了主動性與即時性的優點，您認為哪種媒體議題設定的效果較強？

8.您是否認為，入口網站首頁的新聞橫幅，具有如同傳統媒體頭版或頭條新聞般的重要性意義？對於閱聽人的影響又為何？

9.網路媒體的出現，使得閱聽人能加入傳播的過程，您認為這對於議題設定理論，或其他大眾傳播理論會不會產生什麼影響？

10.由於現在的閱報率愈來愈低，您認為在不久的將來，網路媒體無論是在重要性，或議題設定的能力，是否會超越傳統媒體？

結果摘要

1.入口網站新聞議題與傳統媒體議題排序選取。

基本上，入口網站新聞議題的選取，與傳統媒體新聞議題選取方式不一樣。從過去研究的結果來看，傳統媒體在選取一版頭條新聞議題上的標準並不一致，除非是非常重大之議題，每家媒體都出現，才具有強化閱聽眾印象的功能。然而，目前的入口網站類似書報刊的功能，能利用超連結功能，看到各媒體的新聞，但除非這些媒體新聞選取的標準一致，才能達到強化閱聽眾效果。

2.網路使用者認為網路媒體的相對可信度愈高，網路新聞所呈現的媒介議題，對於該使用者所認知的公眾議題效果愈強。

網路使用者的網路使用經驗（老手VS新手），會影響其網路使用行為。針對H3來看，目前許多的入口網站新聞選取多來自傳統媒體新聞，假設這些認為網路媒體新聞可信度愈高的人，是否也應該認為傳統媒體新聞的可信度愈高？因此，認為網路新聞可信度愈高的閱聽眾，是否因為經常使用才認為網路可信度愈高，這點值得注意。

3.網路新聞的議題設定效果討論

基本上，我們所謂的大眾媒介的影響對象是泛指「一般大眾」。然而，網路使用者的自我選擇性、群聚性很強，互動者多是同質性高的人，因此，網路只能說是具有大眾媒介的功能，但卻不具有大眾媒介的本質。在網路媒介的議題設定部分，值得注意的部分有二：究竟設定了誰的議題？受到議題設定效果影響之下，究竟對這些群體產生何種效果？

然而，當我們說網路不具備大眾媒體本質的前提下，假設網路議題設定效果存在，但這些被影響的人並非大眾，而是較大的一群人，這樣網路議題設定效果也就沒有意義。

4.就操作面而言，網路新聞編排、設定方式對議題操作的影響

傳統媒體的守門人過程對新聞選取的影響，在網路新聞上不存在。例如：在網路論壇的討論版上，是缺乏理性對談的，意見不是一面倒就是互

相叫罵。因此，網路上對議題的討論，具有強化效果，但較無法改變不同立場的意見，議題設定效果較無法彰顯。

5.網路媒體的議題溢散效果討論

過去的新聞議題，多是由傳統媒介「擴張」到網路媒體。然而，目前的許多新聞議題皆由網路媒體「溢散」到傳統媒體，特別是當「部落格（blog）」的出現。例如：過去的傳統媒體或許會在BBS上找尋新聞題材，但現在許多的傳統媒體新聞是直接將網路上的議題文章直接轉貼到傳統媒體的新聞上（例如：遛鳥俠事件）。然而值得注意的部分是，傳統新聞媒體會選取特定的網路議題作為新聞題材，仍會是以看「異文化」的心態來操作。

6.對整體研究的建議

使用者之間的差異，是值得注意的部分。目前網路新聞媒體，仍附庸於傳統媒體之下，因此還是以強化現有議題為主。但在未來，當網路更為流通普遍後，傳播將會更走向分眾時代，傳統的議題設定效果理論將有修改的必要。

受訪者B：「聯合線上」股份有限公司某李姓高階主管

題綱

1.能否就您所知大概說明聯合報與聯合新聞網之間合作的模式？聯合新聞網的新聞來源是否完全來自聯合報？
2.請問，以您傳統媒體的新聞工作者的角度來看網路媒體，您認為在目前傳播的過程中，網路媒體扮演什麼樣的角色？
3.您認為網路新聞（入口網站、電子報等等）的議題重要性排序，是否會與傳統媒體的議題重要性排序具有一致性？
4.與傳統大眾媒體相比較，網路新聞媒體的可信度如何？
5.與傳統媒體相較，您認為網路媒體的近用性是否較高？這對於整體議題擴散的效果是否有影響？

6.就現況來說，在網路引起熱烈討論的話題，是否會反過來影響傳統媒體的議題重要排序？

7.請問您認為傳統大眾媒體與網路媒體的議題之間有沒有「擴張（共振）效果」（新聞議題由傳統大眾媒體擴張至網路媒體）的存在？

8.傳統媒體與網路媒體相比較，網路媒體多了主動性與即時性的優點，您認為哪種媒體議題設定的效果較強？

9.請問您本身會不會注意入口網站的首頁新聞橫幅？對於您而言，這個新聞橫幅的重要性是否會影響您認知的重要？能否與報紙的頭版頭條新聞比較？

10.由於現在的閱報率愈來愈低，您認為在不久的將來，網路媒體無論是在重要性，或議題設定的能力，是否會超越傳統媒體？

結果摘要

1.聯合報與聯合新聞網之間的合作模式

聯合報與聯合新聞之間是兩個完全獨立的法人機構，而目前的合作模式是聯合新聞網付費向聯合報購買新聞。聯合新聞網的新聞來源80%來自於聯合報系，包括聯合報、經濟日報、聯合晚報，20%來自於其他合作的雜誌。

在內容上，網路新聞的內容是來自於傳統媒體，原則上內容不會做任何的更動，但是標題會針對新聞的進度、適應網路版面，而進行改寫。

2.傳統媒體看待網路媒體的角色

網路媒體與傳統媒體最大的差異在於閱聽族群有明顯的區隔，網路閱聽族群以學生與上班族居多，而且這個部分的使用者大多是傳統媒體無法接觸到的，因此網路媒體對於傳播過程最重要的影響，就是擴張了新聞的影響能力，不過目前這樣的影響能力還無法展現在經濟效益上。

3.網路媒體議題重要性排序是否與傳統媒體一致

基本上是不會一致的。以聯合新聞網為例，通常會將議題排序做重新

的考量，雖然網路與傳統媒體一樣，會使用版面的順序及位置來表達重要議題，但是網路通常會推薦一些閱聽人在傳統媒體上不容易看得到的優質新聞。譬如說：現在的報紙都會因地理位置推出不同的地方版本，住在臺北的人就看不到新竹的地方新聞，但是網路媒體就會將出現在其他地方版的優質新聞，推薦給全部的網友看。

網路新聞在選擇議題的重要性時會考量到閱讀網路新聞的人是誰，以Yahoo的新聞為例，他們的閱讀族群以學生為主，所以他們就會把學生關心的新聞放在比較重要的位置，而聯合新聞網的閱讀族群以上班族居多，因此我們在選擇重要新聞排序時，也會以上班族關心的議題優先。

4.與傳統媒體相較，網路新聞媒體的可信度

臺灣目前除了以前的《明日報》之外，沒有真正的網路媒體。不過如果我們把網路媒體的定義擴展到部落格、社群、BBS等，那麼網路媒體的可信度自然不及傳統媒體。另外網路媒體並非完全不可信，只是以現在的人力機制，很難做到完整把關的程度。

5.網路的近用性對於議題擴散效果的影響

網路並非對於每個使用者都有近用性的，端看使用者本身的習慣。網路對於議題的擴散效果應該是來自於超連結性，因為報紙與報紙之間是不能連結的，但是網路媒體之間就可以相互連結，不僅是不同家的網路新聞，從部落格、BBS的新聞也可以很容易連結到網路媒體，E-mail也可以，這對於議題的擴散效果有很顯著的幫助。

6.網路熱烈討論的話題，是否會反過來影響傳統媒體的議題排序

有時候會，而且比較容易發生在某些類別的新聞，如影劇新聞。有時候不是每天都有很多新聞，傳統媒體的記者就會有「巡網」的動作，看看是不是有什麼話題在網路上發燒，或是網友們對於某些新聞的反應，這些都可能會反過來影響傳統媒體的報導。

7.傳統媒體與網路媒體之間的議題擴張（共振）效果

當然有的，很多傳統媒體報導的新聞在經過網路媒體的報導後，都會

很明顯的更凸顯它的重要性，特別是經過網友互動的發酵。有些新聞可能是傳統媒體的族群才會關心的話題，經過網路媒體報導，讓閱讀網路媒體的大眾也覺得很重要，有些議題擴張是強化重要性。

8.傳統媒體與網路媒體的議題設定效果

網路媒體比傳統媒體多了互動性，就這方面來說，它的議題設定效果當然是會比較好的。透過網路媒體與閱聽大眾之間不斷的互動循環，議題設定的效果會愈來愈強，知道大家關心的話題是什麼，再經由網路媒體推薦，很容易就達成很好的效果。

9.是否注意到入口網站的新聞橫福，是否會影響對於新聞重要性的認知

當然會注意，因為入口網站是很重要的競爭對手，但是不會影響我對於新聞重要性的認知，同時在重要性來說，也不能與傳統媒體的重要性相比。因為入口網站首頁的新聞橫幅與傳統媒體或聯合新聞網的頭條，在性質上是不一樣的，因為閱讀族群不同，關切的重點也不同，重要性來說也是不能相比較的。

10.網路媒體議題設定效果，未來會否超越傳統媒體

端看將來習慣收看網路新聞的人會不會超越傳統媒體，不過在三、五年之內應該是看不到。不過有一點是可以確定的，在議題的導引能力來說，現在來說是報紙大於電視，大於網路。報紙有能力把議題做好，是引導新聞議題走向的主要力量，然後電視與網路會跟進報紙的報導，然後把議題報導發揚光大。

受訪者C：Yahoo新聞製作某李姓高階主管

題綱

1.請問Yahoo！奇摩網站上，新聞編輯流程為何？（包含入口網站首頁的新聞標題橫幅的選取、新聞網頁的編輯、更換新聞的頻率等。）

2.因為入口網站本身沒有新聞產製的能力，你們勢必要與傳統報紙、電視

媒體合作，請問能否說明與傳統媒體之間的契約關係？

3.請問你們新聞檢選的標準為何？對於新聞的標題，請問是沿用原傳統媒體的標題，或是會重新下標題？

4.您認為網路新聞（入口網站、電子報等等）的議題重要性排序，是否會與傳統媒體的議題重要性排序具有一致性？

5.與傳統大眾媒體相比較，網路新聞媒體的可信度如何？

6.與傳統媒體相較，您認為網路媒體的近用性是否較高？這對於整體議題擴散的效果是否有影響？

7.就現況來說，在網路引起熱烈討論的話題，是否會反過來影響傳統媒體的議題重要排序？

8.請問是否會統計新聞的點閱率？

9.請問您認為傳統大眾媒體與網路媒體的議題之間有沒有「擴張（共振）效果」（新聞議題由傳統大眾媒體擴張至網路媒體）的存在？

10.傳統媒體與網路媒體相比較，網路媒體多了主動性與即時性的優點，您認為哪種媒體議題設定的效果較強？

11.我們知道Yahoo奇摩的首頁新聞橫幅從3個變成了4個，您認為入口網站的新聞橫幅標題是否就像是報紙的頭條，具有顯著的議題設定效果？這是否會改變閱聽人的使用習慣，進而提升網路媒體的議題設定能力？

12.有鑑於《明日報》的經營失利，您認為以Yahoo奇摩的成功，有沒有可能成為獨立的網路媒體，擁有獨立的新聞產製能力？另外，您認為，在不久的將來，網路媒體無論是在重要性，或議題設定的能力，是否會超越傳統媒體？

結果摘要

1.Yahoo奇摩的新聞編輯流程

稿件從合作媒體進入新聞資料庫，然後針對各個網頁，包括新聞首

頁、各類新聞分類網頁、入口網站首頁,來進行編輯,Yahoo奇摩首頁自從改版之後,增加了編輯新聞圖片,因此編輯流程也要考慮圖片的選取。Yahoo的新聞守門標準相當嚴格,應該是全臺灣網路新聞媒體最嚴格的,比如說Yahoo絕對不放自殺的新聞。在新聞更換的頻率上,Yahoo沒有固定的時間或次數,端看新聞的重要性來決定新聞存在的時間。目前Yahoo新聞編輯編制6人,沒有固定的新聞編輯會議,都是即時討論,即時決定新聞排列的順序與置放時間。

2.與傳統媒體合作的方式

網路媒體與傳統媒體之間的合作是充滿矛盾的,傳統媒體一方面又希望透過網路媒體來擴展他們的影響力,一方面又會很害怕網路媒體的影響力大過於傳統媒體,所以有蠻多的傳統媒體並不願意和網路媒體來合作,提供內容。目前與傳統媒體的契約關係,Yahoo奇摩是以簽約付月費的方式向合作媒體購買新聞。

3.網路媒體選取新聞的標準

Yahoo對於閱讀網路新聞的使用者有相當程度的瞭解,因此在選取新聞時也會以使用族群關心的新聞為主,譬如說大家都喜歡看社會新聞、八卦新聞,大家喜歡看,我們就會選。在標題的寫作上,基本原則是以適應版型為主,所以只會在首頁時進行調整,在新聞網頁時,以不更動標題為原則。

4.網路媒體的議題重要性排序與傳統媒體是否一致

網路新聞編輯的數量絕對比不上傳統媒體,另外對於每一個種類的新聞(如政治、體育等)也不盡然會瞭解、掌控得很好,因此在議題的重要性排序上,當然某種程度上會與傳統媒體有重複。不過目前Yahoo奇摩希望以電腦機制來選取閱聽人喜歡的新聞,希望議題的重要性排序能做出一些改變。

5.與傳統媒體相較的可信度

在沒有原生網路新聞內容的前提下,沒有可信度比較的問題。但是就

閱聽人對於使用網路媒體的情感，還有網路媒體可以提供使用者想要知道的訊息，網路媒體的可信度應該還是比傳統媒體好。

6.網路媒體的近用性，對於議題擴散效果的影響

現在臺灣各媒體之間的議題擴散效果本來就很可怕，各家媒體之間都互相抄襲，《蘋果日報》一報，各電視臺都抄在一起，所以議題擴散效果本來就存在於各媒體之間。不過以Yahoo奇摩為例，你無法想像網路媒體所能觸碰到的使用者數量能有多少，這樣的議題擴散效果絕對是非常驚人的。

7.網路熱烈討論的話題是否會影響傳統媒體

臺灣現在很少有一個話題會引起網路全面性的熱烈討論，即使PTT上的熱烈討論，或是某政治人物的部落格熱烈討論，也無法單由網路而得到全面性的發燒，還是要經過傳統媒體記者的選擇報導，才能真正被所有的閱聽人知道，總之主動權力還是落在傳統媒體上。

8.會否計算新聞點閱率

不會單算某一則新聞的點閱率，但是會計算某一類新聞分類的點閱流量，包含進出人次、停留時間、上站次數等。

9.網路媒體與傳統媒體之間是否有議題擴張（共振）的效果

現在傳統媒體還是掌握了議題設定的能力，所以網路媒體當然與傳統媒體之間具有議題擴張的效果。

10.網路的議題設定效果

就目前而言，議題設定效果還是操縱在傳統媒體的編輯臺裡，這種議題設定能力是由上而下的，網路媒體暫時無法取代。但是就閱聽人主動性這方面，由閱聽大眾共同來決定議題設定的過程，它的擴散效果、設定能力，在未來絕對會比傳統媒體更好。

11.Yahoo奇摩的首頁新聞橫幅，是否就如同報紙頭條新聞般，有顯著的議題設定效果

首頁的新聞橫幅，雖然也代表了Yahoo所認為最為重要的新聞，但是

為了顧及使用者想看的新聞，還有新聞更新的頻率，所以放置在首頁的新聞橫幅，其重要性來說應該還是無法和報紙的頭版頭條相比。不同時段出現在首頁的頭條新聞，不能說都是一樣重要的新聞，但是會是我們認為使用者想要知道的新聞，譬如說體育消息、消費訊息，都有可能出現在首頁頭條，但是在報紙頭條絕對沒有可能。

12.將來有沒有可能成為原生的網路媒體

Yahoo奇摩早就認定自己是正式的新聞媒體，只是沒有自己的新聞記者。事實上在國外有很多的媒體也沒有自己的記者，但是透過使用通訊社的稿件，還是能判斷、編輯出不同的內容。Yahoo應該暫時還是不會擁有自己的記者，但是你如果瞭解Yahoo的流量有多可怕，你就會知道網路的議題設定能力、重要性絕對是有超越傳統媒體的實力的。

受訪者D：某區域立法委員

題綱

1.如何評估競選活動、競選期間的議題事件，在媒體曝光的效果？（可否就報紙、電視、網路新聞舉例說明之。）

2.與傳統大眾媒體相比較，網路新聞媒體的可信度如何？

3.您認為在網路新聞（入口網站、電子報等等）的議題重要性排序，是否會與傳統媒體的議題重要性排序具有一致性？

4.與傳統媒體相較，您認為網路媒體的近用性是否較高？這對於整體議題擴散的效果是否有影響？

5.傳統媒體與網路媒體相比較，您認為哪種媒體議題設定的效果較強？

6.以網路新聞而言，由於網路是具有即時性質的媒介，請問是否會定時注意「入口網站」的「橫幅新聞標題」，或各電子報的新聞議題？

7.網路新聞的即時性，不受版面與時段限制的特性，對於競選策略中媒介議題操作的策略是否有所影響？（是否有針對網路的特性，擬定媒體操作的策略？）

8.在競選活動期間，是否會注意各網路討論區、新聞群組、網路留言版所討論的議題？當遇到重要或熱門的討論議題時，又是如何回應？

9.在經營候選人官方網站時，網站首頁的新聞議題選取標準爲何？

10.有鑑於國內的網路使用者逐年快速增加，您評估在未來選舉策略上，網路傳播的重要性是否會超越傳統媒體？

結果摘要

1.就從政經歷評估網路媒體，在政治操作過程的重要性。

從過去的經驗可知，網路本身是個年輕的媒體，而網路的主要使用族群也屬於年輕族群。對於原本沒有閱報習慣的年輕族群或其他族群來說，網路新聞所能影響的就是比較值得期待的。

但對於現在的政治操作來說，網路仍然處於一個輔助發酵的角色，它仍然需要主流的電子、平面媒體的搭配，而不是一個可以引導議題發展的媒介。

2.主流媒體與網路媒體的「議題擴散效果」。

網路媒體是很好的消息來源，但層次較類似爲「流言」的性質，需要主流媒體的報導來成爲正式有說服力的新聞。就目前的情形來看，網路媒體相對於傳統媒體仍然屬於「附屬」的位置。以某區域立法委員所舉的替代役男兵期縮減的案例，並沒有看到主流媒體的報導。

3.競選過程中的網路宣傳策略與執行的困難。

對於年輕族群或習慣使用電腦族群，會特別使用像是設計官方網站、發送文宣e-mail，還有現在的部落格blog，來與選民作互動。

困難就在於網路的世界實在太大，網路媒體的議題設定、操作都較爲困難，上網族群通常會主動關心與他們切身相關的議題。

4.有關官方網站。

持續有架設官方網站，並且曾在選舉時的logo加上網址。

官方網站的設計以年輕團隊負責，因爲網站的瀏覽者設定爲年輕族

群。官網上的議題會受主流媒體擴散的影響，主要的目的是加強在主流媒體曝光度不足的新聞議題，或是與主流媒體配合達到更好的效果。

5.未來選舉策略，網路傳播的重要性。

網路媒體的特色就在於難以操控，因為消息來源多且不易查證，網路消息較難有正面的，然負面的消息則容易不逕而走。網路媒體難塑造正面形象，但可用來打擊對手；謠言透過網路快速不斷的連結，難以作危機處理，容易達到目的。

6.網路新聞議題設定的排序，與傳統媒體的議題設定相關。

如同現在傳統媒體眾多，內容廣泛，網路媒體相比之下更是如此。讀者在閱讀新聞的時候需要去被引導，需要媒體來告訴他們什麼是重要的新聞。

7.與傳統媒體相較，網路新聞媒體的可信度。

要端看網路媒體的新聞消息來源為何。如果來源是傳統媒體的新聞，可信度就是與傳統媒體一樣的；如果來源是網路媒體自己的產製，或是網友本身討論引發的新聞，可信度就較低。

8.在選舉上，網路媒體現在與未來所扮演的角色。

以目前民意代表選舉來看，網路所扮演的角色暫時還不是很關鍵，但若是拉高選戰的層次，到比如說直轄市長選舉、總統選舉這種兩強對決的形勢時，網路的重要性就不可輕忽。

國家圖書館出版品預行編目資料

新媒體與民意：理論與實證／林維國著. ―
二版. ― 臺北市：五南，2013.09
　　面；　　公分.
ISBN 978-957-11-7181-4（平裝）

1.民意 2.網路媒體

541.771　　　　　　　　　　102011939

1ZEG

新媒體與民意：理論與實證

作　　者 ― 林維國（127.4）

發 行 人 ― 楊榮川

總 編 輯 ― 王翠華

主　　編 ― 陳念祖

責任編輯 ― 李敏華

封面設計 ― 國晶設計有限公司

出 版 者 ― 五南圖書出版股份有限公司

地　　址：106台北市大安區和平東路二段339號4樓

電　　話：(02)2705-5066　　傳　　真：(02)2706-6100

網　　址：http://www.wunan.com.tw

電子郵件：wunan@wunan.com.tw

劃撥帳號：01068953

戶　　名：五南圖書出版股份有限公司

法律顧問　林勝安律師事務所　林勝安律師

出版日期　2012年 12 月初版一刷
　　　　　2013年　9 月二版一刷
　　　　　2016年　9 月二版二刷

定　　價　新臺幣290元